本 书 得 到 中 非 经 贸 合 作 研 究 院 的 资 助

股权结构、投资行为与资本脱实向虚

基于微观视角的理论与实证

文春晖 ———— 著

Ownership Structure, Investment Behavior and Capital Degenerating to Virtue

Theory and Demonstration Based on Micro Perspective

经济管理出版社

ECONOMY & MANAGEMENT PUBLISHING HOUSE

图书在版编目（CIP）数据

股权结构、投资行为与资本脱实向虚：基于微观视角的理论与实证 / 文春晖著. —北京：
经济管理出版社，2022. 10
ISBN 978-7-5096-8771-0

Ⅰ. ①股… Ⅱ. ①文… Ⅲ. ①金融资本—研究 Ⅳ. ①F014. 391

中国版本图书馆 CIP 数据核字（2022）第 189328 号

组稿编辑：吴 倩
责任编辑：吴 倩
责任印制：黄章平
责任校对：王淑卿

出版发行：经济管理出版社
　　　　　（北京市海淀区北蜂窝 8 号中雅大厦 A 座 11 层　100038）
网　　址：www. E-mp. com. cn
电　　话：(010) 51915602
印　　刷：唐山玺诚印务有限公司
经　　销：新华书店
开　　本：720mm×1000mm /16
印　　张：12.5
字　　数：202 千字
版　　次：2022 年 10 月第 1 版　2022 年 10 月第 1 次印刷
书　　号：ISBN 978-7-5096-8771-0
定　　价：78. 00 元

前　言

　　货币增速与 GDP 增速背离、金融增长与投资效率背离、资产价格与商品价格背离的现象越来越明显。当前，社会融资结构与资金配置效率扭曲，结构性短缺在局部领域形成流动性缺乏，利率中枢上移，实体经济需求与虚拟经济配置脱节，金融资本绕过实体经济在金融体系内空转的现象越来越严重，怎样化解资本脱实向虚迫在眉睫。本书遵循政策和理论梳理、问题界定、资料收集、理论建模并形成假设和假说、经验实证、提炼政策含义的研究路径，通过引入股权结构与投资行为的分析框架，从上市公司层面揭开资本脱实向虚的"黑箱"，试图为防范金融泡沫、夯实实体经济微观金融基础提供政策建议。

文春晖

2021 年 5 月

目　录

第一章　导　论 ……………………………………………… 001

　第一节　研究背景与意义 ………………………………… 001

　　一、研究背景 …………………………………………… 001

　　二、研究意义 …………………………………………… 007

　第二节　文献综述 ………………………………………… 009

　　一、关于虚拟经济与实体经济关系的研究 …………… 009

　　二、关于金融功能与金融市场演化的研究 …………… 010

　　三、关于投资行为、投资效率与政府政策的研究 …… 012

　　四、关于终极控制、两权分离与代理成本的研究 …… 014

　　五、文献述评 …………………………………………… 019

　第三节　研究方法、研究内容与主要创新点 …………… 020

　　一、研究方法 …………………………………………… 020

　　二、研究内容 …………………………………………… 022

　　三、主要创新点 ………………………………………… 023

第二章　资本脱实向虚的理论基础 ……………………… 025

　第一节　基本概念界定 …………………………………… 025

　　一、虚拟经济与实体经济 ……………………………… 025

　　二、新型实体经济 ……………………………………… 026

　　三、实体终极控制人与虚拟终极控制人 ……………… 028

　第二节　"虚""实"终极控制与上市公司的微观行为 …… 029

　　一、虚拟经济与实体经济的互动 ……………………… 029

二、两类终极控制人及其金字塔持股特征比较 …………… 030

三、两类终极控制人的机会主义行为差异 ……………… 035

第三节 "虚""实"终极控制、金字塔组织演化与大股东掏空 …… 038

一、金字塔结构与大股东掏空的度量 ……………… 038

二、"虚""实"终极控制、金字塔组织演化与大股东掏空的
实证分析 ……………………………………… 041

三、"虚""实"终极控制与企业资本脱实向虚的经济行为 …… 044

第三章 虚拟经济泡沫的测度与资本脱实向虚的行为特征
——以房地产为例 ……………………………… 049

第一节 中国房地产泡沫的测度 …………………… 049

一、房地产泡沫的产生与缘起 ……………………… 049

二、测度方法与指标选择 …………………………… 050

三、全国大中城市房地产泡沫程度测度 ……………… 054

第二节 房价高企、流动性紧缩与实体企业融资困境 …… 056

一、房价高企与虚拟经济泡沫风险 ………………… 056

二、理论基础与研究假设 …………………………… 058

三、实证分析 ………………………………………… 061

四、主要结论 ………………………………………… 065

第三节 城镇化、工业化与房地产价格波动 ………… 066

一、房地产价格的波动与城镇化建设 ……………… 066

二、理论基础与研究假设 …………………………… 067

三、实证分析 ………………………………………… 068

四、主要结论 ………………………………………… 071

第四节 "少子老龄化"与中国房价波动 …………… 072

一、"少子老龄化"对中国房价的影响 ……………… 072

二、文献综述 ………………………………………… 074

三、变量选择、模型构建及数据说明 ……………… 075

四、实证检验 ………………………………………… 078

第五节　货币政策调控与房地产泡沫的传递
　　——基于长沙市的经验数据 ……………………………… 084

一、房地产货币政策调控的解读与长沙市房地产市场的发展 … 084

二、理论基础与研究假设 ………………………………………… 088

三、实证分析 …………………………………………………… 089

四、主要结论与启示 …………………………………………… 095

第四章　股权结构、投资行为与资本脱实向虚的理论机理 ……… 096

第一节　"虚""实"终极控制、两权分离与资本脱实向虚 ………… 096

一、"虚""实"终极控制、两权分离与代理成本
　　——一个理论解析 ………………………………………… 096

二、决策异化与资金空转——一个理论模型 ………………… 101

第二节　过度融资、挤出效应与资本脱实向虚 …………………… 108

一、经营风险上升与企业过度融资需求 ……………………… 109

二、过度融资行为与二元市场的挤出效应 …………………… 111

三、过度融资行为与企业资本脱实向虚 ……………………… 113

第三节　中国资本脱实向虚问题的进一步讨论 ………………… 115

一、中国虚拟经济脱离实体经济是经济规律还是虚拟经济发展
　　问题 ………………………………………………………… 116

二、如何治理虚拟终极控制人两类代理问题是现代经济学的新
　　难题 ………………………………………………………… 116

三、中国实体终极控制人的保护:"资金"和"机制"谁更
　　有效 ………………………………………………………… 118

第五章　股权结构、投资行为与资本脱实向虚的实证检验 ……… 119

第一节　"虚""实"终极控制、两权分离与资本脱实向虚的实证
　　分析 ………………………………………………………… 119

一、样本数据来源 ……………………………………………… 119

二、变量选取与说明 …………………………………………… 119

三、计量方法选择 ……………………………………………… 122

四、实证结果与分析 …………………………………… 122

第二节 两权分离、代理成本与资金空转的实证分析 ………… 129

一、数据选取与处理 …………………………………… 129

二、变量选取 …………………………………………… 130

三、实证模型设定 ……………………………………… 132

四、实证结果 …………………………………………… 132

第三节 过度融资、挤出效应与资本脱实向虚的实证分析 …… 138

一、数据处理、变量选取与模型设计 ………………… 138

二、变量选取 …………………………………………… 138

三、实证模型设定 ……………………………………… 141

四、实证分析 …………………………………………… 142

五、实证分析结果 ……………………………………… 154

第四节 主体异质性与资金空转的实证检验 …………… 156

第五节 主要结论与启示 ………………………………… 160

第六章 资本脱实向虚防范政策体系构建 …………………… 162

第一节 资本脱实向虚的核心问题 ……………………… 162

一、正确认识虚拟经济与实体经济的关系 …………… 162

二、虚拟经济与实体经济耦合发展是防范资本脱实向虚的
关键 ………………………………………………… 164

第二节 资本脱实向虚的政策防范体系 ………………… 166

一、虚拟经济层面防范策略 …………………………… 166

二、实体经济层面防范策略 …………………………… 168

三、工业经济转型升级策略 …………………………… 172

参考文献 …………………………………………………………… 176

| 第一章 |

导　论

第一节　研究背景与意义

一、研究背景

货币增速与 GDP 增速背离、金融增长与投资效率背离、资产价格与商品价格背离的现象越来越明显，资本脱实向虚成为中国经济新常态的主要特征。一方面金融行业发展过快。货币增速加快，金融资产规模持续扩大，资产价格持续增长，金融业增加值占国民生产总值比重不断升高，资金空转、高杠杆、虚拟经济利润虚高等现象导致严重资产泡沫，正所谓"虚火过旺"。另一方面经济下行压力不减。投资效率不断降低，一般商品价格持续低迷，实体企业融资难与融资贵并存，实体投资回报率、劳动生产率增速以及全要素生产率均呈现下滑趋势，特别是制造业与重工业等基础产业部门能否继续承担经济增长"火车头"的角色存在不确定性（叶祥松、晏宗新，2012）。资本脱实向虚会导致以下后果：一是资金没有进入实体经济，在金融体系内进行套利活动形成"空转"；二是实体资本运营存在配置错位，过度流向房地产而没有流入制造业；三是最终流入实体经济的资本，融资链条复杂冗长，融资成本高昂（文春晖、任国良，2015）。

《中国统计年鉴》数据显示：2021 年，我国金融业增加值占 GDP 比重达到了 8.0%（见图 1-1），金融业增加值在服务业中所占比重高达 15%；2021

年，我国民间固定资产投资总额为 307659 亿元，同比增长 7%；2021 年国有银行对民营企业贷款利率比对国有企业贷款利率高出 6 个百分点左右；2000~2010 年，我国工业企业利润同比增速平均达到 31.41%，2010~2021 年则回落至 10.9%，而 2019~2020 年 1 月更是下降至 4%。

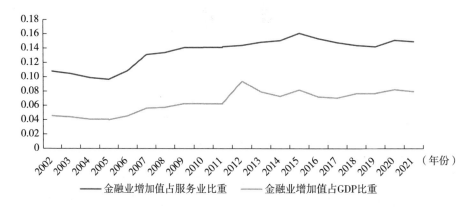

图 1-1　2002~2021 年金融业增加值占 GDP 和服务业比重

资料来源：国家统计局官方网站。

当今，资本脱实向虚的问题越来越突出，并呈现以下发展特征：

1. 虚拟经济与实体经济分离发展现象越来越明显

20 世纪 70 年代以来，世界经济出现了新的发展趋势。一是经济虚拟化倾向越来越明显。随着布雷顿森林体系的崩溃，黄金非货币化使得货币在世界范围内出现了彻底虚拟化的趋势。突出表现为大量资金"脱媒"（Disintermediation），从银行等储蓄机构撤出，进入敏感性更高的资本市场；许多缺乏流动性的资产与无形资产（如房地产、抵押贷款）通过证券化使金融交易过度杠杆化，加深了虚拟化程度；发达国家的金融深化与发展中国家的金融自由化和国际化发展使国际金融市场规模大大拓宽，全球资本流动使整个世界密切联系在一起，同时也使金融风险扩展到全球各个角落。虚拟经济不再是实体经济的附属品，而是越来越脱离实体经济且成为一个相对独立的经济活动领域，并日益成为经济的主流，加速推动了全球经济进入虚拟经济时代。二是世界产业也呈现"虚""实"分化的趋势。以"物质关系"为代表的制造、加工、贸易等实体产业出现在价值链较低环节，以"价值关系"相称的金融、电子计算机、网络经济等虚拟产业控制了产业链中的高附加值环节；受制于交易人时间、空间的线下传统"一手交钱，一手交货"的流通模式出现在低效滞后的市场，而各类金融衍生产品、虚拟货币、信用消费的快速交易则集中出现在高效精准的市场。"虚""实"经济分工过度而分离发展的结果导致世界经济关系的主导力量不再是实体投资所发生的物质关系，而是一种虚拟资本流动背后的"价值关系"变动。因而，GDP增长不再单纯依靠实体产业的创造，对虚拟经济的依赖性越来越强。金融资源滞留于虚拟层面空转，并没有流入实体经济部门，"钱炒钱"现象普遍，虚拟经济与实体经济分离发展的现象越来越严重。三是实体经济"冷"与虚拟经济"热"的问题越来越突出。近年来，一方面实体经济需求端与供给端双双呈现疲软，投资增速下滑，消费改善有限，出口增速波动异常，工业生产反弹迹象较弱；另一方面在新冠肺炎疫情冲击的大背景下社会融资规模放缓，广义货币供应量（M2）增速低于预期，一线城市房产市场稍有降温，金融数据表现普遍疲软。由于疫情影响，财政收入总量不仅受到了冲击，而且稳增长、常态化防疫的新要求又进一步对财政支出提出了全新挑战，在"看得见的手"的调控力度减弱的情况下，难免会出现"金融超发展"的情况，当金融发展超过实体经济发展一定程度时，会对经济增长产生抑制作用。虚拟经济丧失为实体经济服务的功能，资金绕过实体经济循环于金融机构之间、在金融体系内空转成为中国企业融资难、融资成本高以及制约实体经济发展与转型升级的主要瓶颈，一线城市过度的企业房地产投资与金融性资产投机越来越成为中国"三去一降一补"供给侧结构性改革的绊脚石。

2. 现有的宏观经济理论与调控政策效果亟待检验

凯恩斯的财政干预思想解决了"市场失灵"所导致的实体经济过剩危机；弗里德曼的货币主义政策化解了"两高一低"的货币过剩金融危机（文春晖、孙良顺，2013）。然而，自20世纪90年代以来，以亚洲金融危机和美国次贷危机为代表的经济危机呈现新的特征：危机缘起于虚拟经济，依靠价格机制与信用系统危机串联起虚拟经济与实体经济两个部门，虚拟经济脱离实体经济，导致实体经济造血功能丧失，引起资金链紧张甚至断裂，从而对实体经济造成损害。危机的波及范围之广、持续时间之长、救助难度之大实属罕见。虚拟经济为什么会丧失为实体经济服务的功能而越来越脱离实体经济并呈现自身特有的发展规律？货币数量论认为实体经济背后出现"货币失踪"的现象是金融创新和金融管制放松的结果。结构学派则认为资本结构与实体经济结构的非对称性、经济周期与经济监管的非协调性以及资产价格与实际产出的非匹配性使资本边际效率与市场利率以及金融回报率之间存在差异，由此引致投资不均衡和虚拟经济的过度膨胀，导致虚拟经济脱离实体经济轨道而产生泡沫经济。信用理论认为信息套利效率、基本价值效率、完全保险效率和功能效率等加大了资本杠杆，投资者短期投机行为的"羊群效应"和"权益要求"对金融资产产生偏好，虚拟投机资本挤占实体资本投资空间，抑制了实体经济发展。

为改善企业融资环境与支持实体经济发展，学者分别从虚拟经济宏观管理和产业发展供给侧开出良方。一派观点认为过度垄断的金融体系使中国虚拟经济服务实体经济的效率降低。一是需要积极推进金融市场化改革，努力发展中小型金融机构，增强金融机构服务能力，继续扩大信贷供给总量；二是需要降低金融市场交易成本，整顿金融秩序，缩短融资链条，减少中间环节，提高贷款审批和发放效率等。另一派观点认为实体经济自身效益比较低下，资本驱利的本能是资金空转的根本原因，实体产业利润低下、产能过剩严重、转型升级困难导致了虚拟经济背离实体经济，因而，需要从供给侧改革，在去产能、去库存的同时提高实体经济效率，加快产业转型升级步伐。2014 年国务院颁布了《关于多措并举着力缓解企业融资成本高问题的指导意见》，2016 年国务院出台了《关于加快众创空间发展服务实体经济转型升级的指导意见》，2020 年 3 月 31 日，国务院常务会议提出超 3 万亿元中小企业融资支持计划，政策层面转向全力支持中小企业和基建，助力实体经济发展，同年 6 月国务院常务会议提出金融系统全年让利 1.5 万亿元目标，有效缓解了热钱在资本市场空转套利的不利局面，2021 年北京证券交易所揭牌开市，推进金融交易市场分层化和利率市场化，从金融与产业两个层面扭转资金空转的局面。但从实施效果来看，去产能与去库存的政策无法将资金有效引导至高效率的实体企业，相反去楼盘库存的措施加剧了一线城市房市供求矛盾，助长了房价高企，而热钱进入虚拟经济领域的问题并没有缓解。可见，房地产过度投资与金融资本投机这两种资金空转途径一方面导致实体企业融资资金遭受挤占，造成实体企业融资

"饥渴"，房地产市场去库存政策失效，产能过剩问题加剧；另一方面通过借贷杠杆使金融资本过度投机，资本错配问题越发严重，融资成本高企，系统性风险加大。

3. 微观金融理论与政策框架亟须梳理与创新

上市公司作为生产组织的基本单位主导着虚拟资本流向，通过终极控制对虚拟资本形成完全掌控，通过金融手段控制着金融服务和产业链的核心价值和投融资决策（文春晖、任国良，2015）。上市公司所有权与控制权相分离的制度安排衍生出了公司治理框架下的"第一类代理问题"，即股东与经理之间因激励安排不当或管理机会主义而引致的"管理权私人收益"（文春晖、任国良，2015）。在股权高度分散化的英美国家，管理权私利是代理问题的主要表现形式，自 Jensen 和 Meckling 于 1976 年开创性地提出代理成本假说之后，此类代理问题的相关文献层出不穷，但都普遍认为两权分离会给公司带来不利影响。在我国，自 20 世纪 80 年代初国有企业实施放权让利改革以来，整个企业的改革历程也是管理层权力不断形成和提升的过程（权小锋等，2010）。一方面，中国上市公司的控制股东通常通过金字塔结构获取公司的绝对控制权，处于金字塔高层的公司以较低的所有权控制金字塔低层公司，从而产生由两权分离导致的代理问题。终极控制股东控制权与现金流量权的分离是加剧内部人与外部投资者之间代理冲突的一个主要因素，且代理冲突随着两权分离度的增加而增加（肖作平、刘辰嫣，2018）。另一方面，管理层对于企业创新能力、品牌形象、企业文化等与企业竞争力相关的因素有了更为密切的联系。管理层防御理论指出，出于防御动机，经理人会采取维护自身利益但损害企业价值的投资决策。因此，在两权分离的公司治理模式下，管理层权力越大，其防御的动机和能力就越强，进而导致劳动投资决策偏离最优目标的可能性越大（翟淑萍等，2022）。随着全面深化改革的推进，后续因制度转型和治理弱化而衍生出的"内部人控制"问题使管理层权力凌驾于公司治理机制之上，加之我国国有上市公司一直存在的"一股独大"问题，高管作为控股股东的代言人，可能对企业的生产经营享有绝对权威，在自身薪酬的获取方面也拥有超越董事会和控股股东的绝对影响力（吕长江、赵宇恒，2007），他们不仅可以通过管理权获取货币性私人收益，还可以通过职位获取非货币性收益。内部人基于委托代理关系掌握了公司的实际控制权，在薪酬契约不完善、内部治理机制不健全的情况下，内部人很有可能基于自身利益实行操纵和欺诈行为，比如过度融资投资等非理性行为，从而折损公司的价值及股东债权人的权益，进而影响资源的有效配置与资本市场的正常发展（冉宜峰，2020）。后续学者的研究发现，在股权过度分散的情况下，第一类代理问题非常严重，但是在股权集中的情况下，公司所面临的主要代理问题是大股东与中小股东之间的"第二类代理问题"（Shleifer and Vishny，1997；La Porta et al.，1999）。特别是在一些以股权结构高度集中为特征的新兴资本市场，股东和管理层之间经典的第一类代理问题实际上并不严重，而在股权结构高度集中、控股股东控制权和现金流权严重偏离的情况下，控股股东和小股东之间经常出现严重的利益冲突，因此公司治理的主要方面是控股股东与中小股东之间的第二类代理问题（左晶晶等，2013；La Porta et al.，1999），即控股股东利用终极控制权盘剥中小股东所引致的"控制权私人收益"。当前，现金流量权与企业终极控制权相分离的持股模式被上市公司广泛应用，在金字塔式的持股结构中终极控制人谋私利的行为更加隐蔽，因此对其监管更具挑战，并且无形之中增加了两类代理成本（王丽莉，2021）。考虑到当前国内上市企业在股权集中性方面表现突出，导致部分股东在管理企业时往往会因为个人利益而损害其他中小股东的利益，因此我国企业在运营管理过程中应加大对第二类代理成本的管理和分析力度。

综合上述分析，管理权私利和控制权私利两类代理成本都危害了上市公司中小投资者的利益，同时制约了中国资本市场的发展。正如 Gilson（2006）所认为的，由所有权和控制权分离导致的第一类代理问题和由控股股东与小股东之间的利益冲突所引发的第二类代理问题是公司治理研究的核心。我国资本市场的制度安排决定了控股股东普遍拥有上市公司的绝对或相对控制权，因而第二类代理成本已成为上市公司治理问题的主要方面。但是有学者研究发现，企业集团能通过降低融资约束减小投资风险，从而缓解由环境不确定性导致的投资不足；也会通过降低融资约束为两类代理问题提供实施条件，从而加剧由环境不确定性导致的企业投资过度，同时企业集团能通过大股东持股比例提高的"监督效应"和"更少掏空效应"来减少两类代理问题，从而缓解由环境不确定性所导致的企业投资过度，这从侧面证明两类代理问题对企业健康发展都十分重要（邢斐、郑婕好，2021）。这些研究结论之间的相互冲突使我们必须客观平等地对待两类代理问题，不能武断地认为第二类代理问题就比第一类代理问题严重。吴建祥、李秉祥（2019）认为，企业控制权配置是决定企业内部组织效率和公司治理效率的前置因素，直接影响实际控制人对经理层的监督，也影响经理层的决策行为。通过调整企业控制权配置中的控制度与制衡度的特征变量，以达到控制权对经理人激励和约束的双重效应，提高公司资源配置效率。根据委托代理理论，基于客观绩效的激励合约是解决代理问题的重要方式（Jensen and Meckling，1976；郑红亮，1998），当大股东的控制权比例大于50%时，控股股东在掌握着控制权的同时还担任着管理者的角色。此时，控股股东不再只是追求自己所有权获取的股利，股东利益最大化也不再是控股股东的目标。如果委托代理关系中同时存在代理人的激励问题和集体决策的协调问题，代理人的激励与委托人的决策控制权之间就可能出现冲突，从而影响组织绩效。这种控制权与激励的冲突广泛存在于各类组织中，特别是在上市公司治理中，大股东控制权与管理层激励之间的冲突或交互作用有待学者做更深入的研究。

二、研究意义

实体经济是虚拟经济的基础，虚拟经济是实体经济发展到一定阶段的产物。虚拟经济同时也是一种相对脱离了实体经济，通过资产价格上涨、金融资产数量膨胀、重复交易额膨胀等，以及与各类债务相关的创造货币财富和货币收入的货币现象。当实体经济和虚拟经济非协调发展时，虚拟经济的过度发展容易引发金融危机，虚拟经济发展不足则会抑制实体经济转型，从而阻碍国民经济的增长。主导着全球主要虚拟资本流动的"价值关系"最终通过上市公司终极控制从微观层面体现出来，即上市公司终极控制人通过掌控企业虚拟资本，利用金融手段控制金融服务和产业链的核心价值环节，促使上市公司实体生产制造比例降低、虚拟化程度不断提高，终极控制权对上市公司经营的影响过程正是虚拟经济与实体经济分离发展的演变过程。上市公司作为生产组织的基本单位掌控着主要的虚拟资本，其资本流向决定了经济背后的价值流向。因此，从理论层面来看，本书分别从"虚""实"终极控制、两权分离与代理成本入手，搭建了（终极）控股股东、中小股东和管理层三方博弈分析框架，分析了由终极控制人金字塔持股导致的两权分离度对两类代理成本和企业价值的不同经济效应，以及从上市公司视角分析其治理中衍生出的终极控制权对虚拟经济与实体经济分离的微观动因。第一，我们同时将两类代理问题纳入一个博弈分析框架中，认为不仅控股股东可能侵害中小股东的利益，企业的管理者也有动机损害所有股东而不单单是中小股东的利益，这对于我国公司治理结构的均衡发展起到了补充的作用；第二，已有研究主要从上市公司所在的行业、上市公司终极控制人的国有或民营产权属性等角度来研究上市公司代理成本问题，我们首次基于上市公司终极控制人的虚拟经济和实体经济属性差异视角来研究上市公司终极控制人对企业的影响，进一步丰富了这一领域的经验证据；第三，我们通过检验潜藏在终极控制权属性背后的公司治理机制对上市公司虚拟经济和实体经济发展的影响，首次从公司治理视角探究了虚拟经济和实体经济分离发展的原因，并在微观层面拓展了对虚拟经济的研究视域。

从现实层面来看，资本脱实向虚是我国当前宏观经济面临的棘手问题，本书具有十分重要的现实意义，研究成果也具有良好的应用前景：第一，本书创新性地融合了价值论与产业发展理论，赋予了资本脱实向虚的新经济学内涵，搭建了终极控制—两权分离—资本脱实向虚的微观分析框架，并运用代理成本与投资决策作为纽带将理论研究与实证研究纳入统一分析框架，揭示资本脱实向虚的"黑箱"，有利于加强对中国资本脱实向虚的认识，构建新的金融风险观。第二，本书有利于引导资本合理流向实体经济，夯实实体经济发展的金融基础，特别是在当前经济下行压力巨大、产业结构调整和产业转型升级困难、内需难以启动、外需市场疲软、企业经营和融资环境出现恶化的多重背景下，为缓解实体企业融资、产业转型升级构建了良好的金融秩序。第三，本书从微观企业治理视角揭示了资本脱实向虚的机理，构建了三位一体的资本脱实向虚防范政策体系，为政府宏观调控提供了新的治理思路。

第二节　文献综述

一、关于虚拟经济与实体经济关系的研究

国外关于虚拟经济对实体经济影响的研究主要源于金融与经济发展关系的理论。一般存在三种观点：第一种观点认为金融市场具有内在不稳定性及独立信用扩张能力，金融部门与实体经济部门分离是金融发展的必然。马克思主义经济学的虚拟资本概念研究了"金融深化""证券化"等现象，将虚拟经济定义为经济中膨胀起来的金融业和房地产业，它们自身没有价值，在增值过程中具有相对的独立性和虚拟性，其本质特点决定了此类倾向。这种分析思路较接近于凯恩斯主义的假设，将金融与实体经济分离看作必然的。Strange（1986）引用明斯基（Minsky）的金融不稳定假说，从金融市场不稳定性角度分析金融与实体经济分离的必然性。第二种观点认为金融部门应服务于实体经济，金融与实体经济的分离趋势对实体经济具有根本性破坏作用。Tobin（1984）将金融变量引入经济增长模型，得出金融发展既可以通过促进资本积累的途径刺激经济增长，也可以通过提高技术创新效率的机制影响经济发展的结论。金融周期对经济周期的影响较大，尤其是当金融不稳定时这种效应会被放大。第三种观点介于上述两种观点之间，认为金融与实体经济分离是金融发展过程中的一种伴生现象，这种现象具有一定程度的破坏性，但破坏性程度取决于政府的政策选择。王勋和 Anders Johansson（2013）通过对跨国面板数据的实证检验发现，金融抑制显著阻碍经济结构转型，金融抑制程度越高，经济中服务业比例越低（相对于制造业）；在有政府政策干预且依托工业部门发展的国家，金融抑制是造成产业结构失衡的重要因素，政府部门应适当调整干预。尽管这三种观点都认识到了虚拟经济对实体经济的作用，但都没有注意到两者融合的相互作用与效应。

国内对虚拟经济的关注是在 1997 年亚洲金融危机之后才开始的。国内学

者主要运用国外的理论，对虚拟经济与实体经济进行了大量的实证研究。刘骏民和伍超明（2004）、郝睿和张云（2019）、李世美等（2022）提出了货币、实体经济与虚拟经济三部门关系新的货币模型，陈享光（2020）、李晓（2020）、程薇瑾（2022）从复杂系统角度提出了虚拟经济与实体经济关系理论模型。李宝伟等（2002）、刘东（2003）、刘金全（2004）等对虚拟经济与实体经济关系做了大量的实证研究。刘骏民（1998）、陈文玲（1998）、刘骏民等（2009）、成思危（2009）、单超（2015）、邱蓉（2020）等从虚拟经济与泡沫经济、金融危机方面进行了深入探究。

对于虚拟经济和实体经济背离这一问题，学者主要从虚拟经济产生、资产价格波动以及金融市场发展等方面研究虚拟经济与实体经济之间的关系。马克思最早提出虚拟资本的概念，认为虚拟资本的形成叫作资本化，虚拟资本的形成可以分为闲置货币的资本化、生息资本的社会化、证券交易的市场化、虚拟经济的国际化与金融的集成化和创新化五个方面，虚拟资本的形成就是闲置货币内生分化的结果。货币二分论认为，虚拟经济是在信用基础上产生的，货币与信用不等于实物资本，也不能够代替实物资本，经济的混乱、实体经济被严重破坏都是虚拟资本滥用的结果，货币并非"面纱"，而是经济的一个内生因素。凯恩斯创立了新的经济学二分说，在其著作《货币论》与《就业、利息和货币通论》中系统地论述了名义变量对实际变量的作用，把价值、分配理论与货币理论联系在一起。财富价值论的观点是对"物本经济"时代的延伸，认为虚拟资产是财富本质属性的体现，它并不是不存在的资产或虚假的资产，而是最具市场经济本质属性的资产，实体经济不过是以物质形式存在的价值系统，而金融活动不过是脱离了物质存在形式的价值系统（刘骏民、伍超明，2004）。虚拟经济是在资本主义生产过程中，由于资本对高回报率和短期回报率的追逐而衍生出的逐渐脱离劳动的价值增值运作系统。与实体经济的价值创造过程不同，虚拟经济的运作更多地体现了财富的再分配过程（刘晓欣、张耀，2020）。

二、关于金融功能与金融市场演化的研究

资本脱实向虚是金融市场与金融功能异化的结果。外生理论认为资本脱

实向虚是金融市场分化的结果,持该观点的有 Tobin(1984)、Guttmann(1994)、Don Goldstein(1995)等。Tobin(1984)提出了金融不稳定性假说,从金融市场不稳定角度分析了金融与实体经济分离的趋势。Robert(1993)从市场短期投机行为出发,阐述了信息套利效率、基本价值效率、完全保险效率和功能效率的相互关系,认为虚拟经济部门对存货、交易量、持续交易与具有最小交易成本的金融市场的关注吸引了短期投资者,短期投机行为扭曲了资本价格,最终导致了负的外部效应。Don Goldstein(1995)分析了企业融资行为改变的原因,坚持融资行为使金融上层建筑比例失衡的观点,认为"羊群效应"和"权益要求"使投资者对金融资产产生偏好,虚拟投机资本挤占实体资本投资,制约了实体经济发展,虚拟经济过度膨胀分离于实体经济会破坏实体经济的发展。Guttmann(1994)对银行发展阶段进行分类,认为信用阶段性扩张策略是虚拟经济与实体经济分离的主要原因。Luca 和 Bassm(2002)解释了政府贷款增长和私人投资下降的现象,认为债务利息支出的增加是相对减少的实物资本和公司利润所弥补的,利息与利润的分离导致了两者的分离。Binswanger(2000)认为,虚拟经济过度膨胀导致实体经济结构改变,对实体经济部门产生负面冲击,金融创新使金融约束放松、实体经济面临动态无效约束。卢卡斯·门克霍夫和诺伯特·托克斯多尔夫(2005)分析了德国金融资产比率,结果表明以金融为代表的虚拟经济部门已经和实体经济发生分离,针对这一分离现象他首次提出了"背离假说"。实体经济和虚拟经济的分离,风险和回报率的差异,使得企业在进行投资时策略呈现多元化和差异化。

内生理论则认为,资本脱实向虚的主要原因在于实体经济自身发展受阻,在二元结构中受到金融歧视。Foster 和 Magdoff(2009)认为,资本主义实体经济发展停滞,金融业繁荣改变了经济周期,导致金融体系成为经济发展的新的动力;同时,金融体系因过度繁荣而脱离了"虚拟经济服务实体经济"的轨道,在虚拟经济部门金融体系中,我国二元结构市场明显,正规金融的排斥造成了不同企业的融资歧视,受歧视的企业不得不借助于非正规金融(林毅夫、孙希芳,2005)。对于很多本来信用等级较低的企业而言,其融资过程中还会面临很大的挑战和困难。为了能够在最大程度上避免风险,我国的商业银行也更加倾向于向大型的企业提供贷款,因而难以支持中小企业的贷款（李栋等，2017）。民间借贷市场亦是如此，这正是资本逐利性的集中体现。金融体系的市场分化导致虚拟经济投资回报率不同，非正规金融市场的投资回报率偏高（吕劲松，2015），信贷配给和融资偏好导致虚拟经济投资动机加大，金融业的高利润使得企业投资转向虚拟经济（陆岷峰、张惠，2012）。张成思和张步昙（2015）认为，金融化已经成为实体上市公司的重要利润渠道，而且依赖性逐年递增，其主要形式是对金融业进行股权投资。对实体上市公司而言，一方面在二元融资市场中具有融资优势，另一方面在投资决策上对金融化的依赖性呈上升趋势，那么实体上市公司会不会为了"金融化"投资虚拟经济，而利用正规金融市场的融资优势进行过度融资？实体上市公司的过度融资会不会挤占中小企业的融资，限制中小企业的实体经济投资？随着公司金融化程度的提升，一些观点认为适度的金融投资有利于拓宽融资渠道，但过度的金融投资将出现资源排挤效应而影响实业投资，并且金融收益的短视性质可能会进一步抑制实业投资与经济发展（刘井建等，2022）。

三、关于投资行为、投资效率与政府政策的研究

国外针对政府投资行为与投资政策的研究主要集中在公共 R&D 补贴和政府 R&D 政策的研究上。一方面从微观层面上讨论公共 R&D 对私人 R&D 的"诱导"效应（Excitation Effect）和"挤出"效应（Crowing-out Effect）（Mansfield and Switzer，1984；Lichtenberg，1987；Robson，1993；Narin et al.，1997；Wallsten，2000；David et al.，2000）以及对私人部门 R&D 补贴效率的实证研究。另一方面从宏观层面上探讨 R&D 政策对经济增长的影响（Rustichini and Schmitz，1991；Davidson and Segerstorm，1998；Cassiman et al.，2002；Dinopoulos and Syropoulos，2007）。对比这两个层面的研究，宏观层面上的研究多是以政府作为 R&D 主体而忽视了企业所发挥的作用，也没有考虑企业异质性，缺乏微观经济基础。而技术创新始终是基于微观主体的研发行为，宏观 R&D 政策或产业 R&D 政策的变化最终仍需落实到企业的具体研发投入与产出的行为上来。

已有研究大致从三个维度分析了政府 R&D 政策的效果：一是企业的 R&D

投入变量，比如分析政府 R&D 扶持下的企业 R&D 额外投入，即政府 R&D 补贴的诱导效应；二是政府科技投入对企业 R&D 产出的影响，包括企业的生产率、盈利率、专利产出和新产品销售收入等创新绩效指标；三是通过案例研究政府 R&D 扶持下的企业研发行为。

David 等（2000）、David 和 Hall（2000）较早提供了研究这一问题的理论基础，他们的结构模型确定了最优 R&D 投资水平是在 R&D 投资的边际收益率（Marginal Rate of Returns，MRR）和边际资本成本（Marginal Capital Costs，MCC）相等的点，这是公司层面的经典利润最大化问题。MRR 曲线通过排序公司 R&D 项目的内部回报率而得到，作为一个通常的投资计划，该曲线是一个 R&D 支出的递减方程。由于公司会先选择高投资回报率的 R&D 活动，后选择低投资回报率的项目，MCC 曲线反映了在任何 R&D 投资水平下投资资金的机会成本。由于假定随着项目执行数量的增加，公司不得不从内源融资转向通过银行或债券的外源融资，所以 MCC 曲线向上倾斜。可以明显地看出，存在许多变量影响这两条曲线上下移动，按照 David 等（2000）的结构模型，可以简写成：$MRR = f(R, X)$ 与 $MCC = g(R, Z)$。其中，R 是公司的自有 R&D 支出，X 和 Z 是影响两条曲线移动的变量向量。X 是一些代理变量，如技术机遇、需求状态、占用条件（Appropriability Conditions），而 Z 中包含的变量包括技术政策条件、外部融资成本、风险资本可获得性。最优的 R&D 投资（记为 R^*）是在 $MRR = MCC$ 条件下的均衡点，其直接形式就是：$R^* = h(X, Z)$。在此基础上演化出外生补贴模型与内生补贴模型：

外生补贴模型。引入 Lichtenberg（1987）的一个简化的结构模型：$MCC = a_0 + a_1 PRD + a_2 SUB + \varepsilon_1$。在这个简化模型的基础上进一步阐述更为复杂的模型：$MRR = b_0 + b_1 RPD + b_2 SALES + \varepsilon_2$，$MCC = MRR = M$，其中 RPD 是企业自有 R&D 支出，SUB 是政府对企业的 R&D 补贴。Lichtenberg（1987）假定 ε_1 和 ε_2 是服从独立同分布的误差项，模型右边的所有变量都是严格外生的，则在均衡条件下，可以得到以下简化模型：$PRD = \beta_0 + \beta_1 SUB + \beta_2 SALES + \mu$。

在 Lichtenberg（1987）的假定之下，这实际上就是一个控制回归方程，可以通过 OLS 或 GLS 估计得到无偏、一致的估计结果。但是，控制方程模型和配对估计模型能够进行有效估计的前提是影响政府 R&D 补贴的变量是可观测的，比如企业的销售额和部门属性等，而当一些变量显著地影响政府的

R&D 补贴，且这些变量是不可观测时，可能就会存在内生性问题，利用控制方程或配对估计就不能得到有效的估计量，也就无法有效测度政府补贴企业 R&D 的"诱导"效应、"挤出"效应。那么就需要进一步考虑如何处理政府 R&D 补贴的内生性问题了。

内生补贴模型。由于政府 R&D 补贴内生性问题的存在，上述外生补贴模型无法得到无偏、一致的估计结果，因为政府对企业的 R&D 补贴并不完全独立于企业自身的 R&D 支出。例如，如果政府在 R&D 补贴中实施择优战略（Picking-the-winner），那么以前就从事高水平 R&D 活动的企业更可能得到政府的后续 R&D 支持，而那些只从事低 R&D 活动的企业不会为政府所偏好，但是如果政府在 R&D 补贴中秉承的是扶贫战略（Aiding-the-poor），那么情况恰好相反。在这种情况下，进行 OLS 估计得到的结果会产生很大的偏误，因为一些不可观测的落入误差项中的因素很可能与政府的补贴存在明显的相关性。例如，政府向企业进行 R&D 补贴对企业开展 R&D 活动的重要性程度；公司过往受到政府 R&D 补贴的情况；公司未来预期能获取政府 R&D 补贴的可能性。另外，政府 R&D 补贴的一些效果可能间接来自政府自身的政策偏好、扶持战略或甄选机制，而不是政府直接 R&D 补贴的政策效果。

四、关于终极控制、两权分离与代理成本的研究

1. 终极控制与代理成本

上市公司所有权和控制权分离所导致的代理成本问题早在 20 世纪 30 年代就引起了学者的关注。上市公司委托代理治理结构中产生了两类委托代理问题：股权分散情况下，上市公司所有权与控制权相分离的制度安排衍生出的"第一类代理问题"，即股东与经理之间因激励安排不当或管理机会主义而引致的"管理权私人收益"（关鑫，2010）；股权集中情况下，涌现出大股东与中小股东之间的"第二类代理问题"（La Porta et al.，1999）。上市公司（终极）控股股东、中小股东与公司管理者围绕两类代理问题进行利益博弈，包括：上市公司对管理层的激励约束机制、（终极）控股股东对上市公司的掏空、（大、小）股东对管理层的监督等，这个过程涉及管理层与大股东之间投资决策博弈、大股东和管理层之间利益博弈，如内部人合谋或控制权冲突等。

中国股权结构高度集中，控股股东控制权和现金流权出现偏离，控股股东和小股东之间出现严重的利益冲突，中国上市公司控股股东与中小股东之间的第二类代理成本问题突出，即控股股东利用终极控制权盘剥中小股东而引致"控制权私人收益"问题（刘芍佳等，2003）。两类代理成本的存在会导致企业内部治理结构和治理机制发生改变。上市公司终极控股股东利用其金字塔式的持股结构，通过链式持股控制上市公司，其实际控制权大于现金流权，即两权分离问题使得终极控股股东控制权扩大。特别是在中国，基于相对集中的股权结构，上市公司终极控制人通过金字塔结构、交叉持股和发行复式表决权的股票等虚拟运作方式，使终极控制权和现金流权发生偏离，从而以较小的现金流权和较大的控制杠杆对公司实施完整控制（Jensen and Meckling，1976）。在金字塔组织的掩护下，凭借对虚拟经济活动的控制手段和操控能力，终极控制人通过定向发行稀释性股权、股票内幕交易、关联交易、渐进式收购等资本运作手段，转移公司资产并攫取控制权私人收益，最终导致虚拟经济与实体经济分离（文春晖、任国良，2015）。在资金供给总体相对合理充裕的背景下，金融供给结构扭曲，金融监管相对滞后，随之而来的是上市公司通过编项目、炒概念等手段，频繁从资本市场募资，致使企业融资动机加剧，由于资本具有天然的趋利性和避险性，这些特性致使大部分企业在进行企业投资分析时，选择划分高额比例的资金投向具有相对较高收益的虚拟经济领域，导致虚拟经济和实体经济之间形成分崩离析的利益槛（张华飞、卢露，2022）。

终极控制人通过虚拟经济活动把控着上市公司，甚至为上市公司带来了高昂的第二类代理成本（La Porta et al.，1999）。国内外的一些研究发现，中国不同类型的终极控制人的机会主义行为会对企业绩效和代理成本产生不同的影响。刘芍佳等（2003）用终极产权论（The Principle of Ultimate Ownership）对中国上市公司的终极控股主体按照新的分类标准重新进行分类和绩效筛选比较，发现在国家最终掌控的上市公司中，相对来讲代理效率损失最低的企业具有国家间接控股、同行同专业公司控股、整体上市等特点，他们也比较了投资管理公司终极控股的上市公司与实体企业终极控股的上市公司之间的业绩差异，发现实体企业控股与投资管理公司控股的上市公司之间绩效差异明显，前者的绩效要比后者好很多（见表1-1）。

表1-1 不同终极控制人控股的上市公司的绩效比较

终极控制人类型	企业平均EVA	企业平均利润	资产利润率	销售增长
投资管理公司 （标准差）	−12.464 （29.934）	43.331 （37.218）	0.081 （0.045）	1.28 （1.011）
实业公司 （标准差）	−12.139 （71.527）	70.323 （99.878）	0.085 （0.072）	1.37 （1.518）
P统计值	0.957	0.0014	0.481	0.4474

资料来源：刘芍佳（2003）。

除此之外，一些学者重点从终极产权视角来研究不同的终极控股股东把控的上市公司的绩效表现。以房地产市场为例，杨少凡（2019）从实证的角度分析了上市公司终极控制人持股的集中程度与公司经营绩效具有显著的正相关关系，其中企业的短期偿债能力、利润获得的来源与质量也对公司经营绩效具有重要影响。徐晓东和陈小悦（2003）以1997年以前在中国上市的508家上市公司1997~2001年的2032个观察值为样本，研究了第一大股东的所有权性质对企业业绩的影响，发现上市公司第一大股东为非国家股股东的公司有着更高的企业价值和更强的盈利能力；宋敏等（2004）以1999~2001年中国上市公司2949个观察值为样本，研究发现国家控股的上市公司效率明显低于法人控股的上市公司；白重恩等（2005）以2000年中国1004家上市公司为样本，研究发现政府控股的公司价值更低；田利辉（2005）以1998~2003年中国上市公司6421个观测值为样本，研究发现国有控股公司的绩效表现劣于非国有控股公司，政府持股规模与公司绩效之间呈现左高右低的非对称U形关系。这些研究基本支持国有控股股东对公司价值有负面影响的观点。

另外，也有研究认为国有控股股东并不总是损毁公司价值，尤其是一些研究还发现政府控股有时比私人控股更有效，Gunasekarage等（2007）利用2000~2004年中国1034家上市公司的5170个观察值进行研究，发现国有股与公司绩效负相关，但这种负相关关系只有在国有股比重较高时才表现出显著性，国有控股并不总是损毁公司价值；林建秀（2007）以2002~2004年沪市上市公司的1854个观察值为样本，研究发现总体上政府控制的上市公司与私人控制的上市公司在业绩上没有显著差异，在不区分控制模式的情况下，第一大股东为政府性质的上市公司业绩显著优于自然人性质的上市公司；以银行系统为例，经济平稳运行时，政府控股银行在监管要求以及经济体系中的行为模式等方面都与普通商业银行有较大区别，风险事件发生后，两类银行在政府救助预期、救助方式、纾困成本等方面同样存在差异，一般而言政府控股银行抵抗风险的实力要高于商业银行（王辉等，2021）。姜硕等（2007）研究发现，对于竞争性强的公司而言，国有控股型公司优于法人控股型公司，且不同控制型股东之间的经营效率存在差异，中央政府直属的上市公司经营效率最好，地方政府下属的上市公司经营效率次之，而国有资产管理部门下属的上市公司效率最差。

从现有的文献来看，尽管在终极控制、两权分离问题的原因，两类代理成本对企业投资决策影响等方面的研究已经较为丰富，但从代理成本视角研究资金空转行为，以及从终极控制、两权分离视角研究资金空转的传导机理较为少见，学者始终认为资金空转是宏观经济问题，通常从产业、银行、信贷以及货币需求管理等方面寻求答案，没有通过微观数据提供令人信服的实证证据，从而凸显了本书的研究价值。

2. 两权分离、代理成本与投资决策

投资决策作为公司管理最重要的三大财务决策之一，是影响公司绩效的重要因素，而股权结构中的终极控制、两权分离以及代理成本会对公司投资决策产生重要影响。上市公司终极控制人通过虚拟终极控制机制把控着上市公司实体项目投资决策（刘芍佳等，2003）。在两权分离的条件下，不同的所有权结构对企业委托贷款行为的影响存在差异：现金流权显著抑制基于侵占动机的委托贷款行为，控制权和现金流权的分离显著促进基于侵占动机的委托贷款行为，对公司贷款融资决策有显著影响（杨胜刚等，2021）。股权集中、控股股东的存在会导致公司过度投资，控股股东控制权与现金流权分离使这一行为加剧（俞红海等，2010）。所有权与经营权分离导致的代理问题无法避免，经理人与所有者的信息不对称、目标不一致、激励不匹配以及契约的不确定性都会导致委托代理问题的产生，而公司治理结构会对其具体代理成本产生影响，公司治理结构指标包括董事会特征、股权结构、资本结构、高管薪酬及股权激励，不同行为成本同样会影响高层决策（蒋佳秀，2016）。管理者和股东之间存在信息不对称，双方都会有保留地向对方公开自己的私人信息，使管理者和股东均无法制定最优投资决策，企业的决策权是由管理者还是股东掌控取决于双方的信息不对称程度，对企业而言，管理者和股东的信息不对称程度越高，双方决策导致企业价值损失就越大（屈文洲等，2011）。具体决策中，除了终极控股股东与管理层之外，没有形式控制权的参与者也有一定程度的实际控制权，董事会附和管理者的决策，非控股大股东会为更小的股东决策（顾乃康等，2015）。然而，管理者享有优先信息权，尽管股东对决策有形式上的控制权，但是管理层积励机制越强，股东附和管理者提议的可能性就越大（Tirole，2006）。在高度集中的股权结构中，终极控股股东掌握了公司的投资决策权，出于自身利益考虑会做出一些非公司价值最大化的非效率投资行为，此外，这种以政府股东为中心、国有产权"缺位"的公司治理结构，使股东很难对经理人形成有效约束，容易出现过度投资与投资不足等非效率的投资行为（曾海舰，2012）。

在微观层面，一些学者借鉴公司治理理论探讨控制权对企业金融行为和经济绩效的影响。自 1932 年 Berle 与 Means 的经典论著《现代公司与私有财产》问世以来，企业的所有权和控制权与其经营绩效之间的关系就成为经济学文献中经常讨论的一个议题。学者发现，终极股东通过各种"杠杆工具"使其控制的表决权超过现金流量权，从而偏离传统的"一股一票"原则，使控股股东获得"同股不同权，小股有大权"的效应，为其关联交易、内幕交易、利润转移、隧道掏空等机会主义运作提供便利。在这种情况下，只有追溯上市公司的最终控制人才能理解终极控制人对公司治理绩效和经营行为的影响机制。因此，无论是在公司治理层面还是在政策监管层面，上市公司终极控制人的所有权、控制权以及两权分离度都是一个非常重要的问题。

这是公司治理层面的问题，如果上升到一个更宏观的层面来看，股权集中的控股模式不仅在微观企业层面会损害中小股东的利益，也在宏观经济层面制约了虚拟经济和实体经济的耦合发展。上市公司终极控制人在股利支付、流动性资产持有程度、银行债务融资、大股东占款等方面都存在机会主义行为，这些机会主义行为很多都与虚拟经济活动有关，终极控制人通过虚拟经济活动把控上市公司。实际上，我国上市公司终极控制人的经济属性存在较为明显的差异，以实体经济主体为代表的终极控制人和以虚拟经济主体为代表的终极控制人对上市公司的掏空和支持方式具有明显不同的特点，对上市公司管理层的监督力度和约束强度也明显不同。这不仅在微观经济层面影响了企业的运营绩效和经济价值，也在宏观经济层面造成了虚拟经济主体和实体经济主体经济收益率的差异，从而导致虚拟经济和实体经济分离发展。

基于上述分析可以发现，在经济转轨的特殊发展时期，公司治理机制的健全和治理水平的提高对于中国企业做大做强、迈向国际意义重大，对于中国虚拟经济和实体经济的耦合发展也至关重要。而公司改善治理现状首先要解决代理问题，广义的代理问题分为股东和管理层之间的"第一类代理问题"和大股东与中小股东之间的"第二类代理问题"（郑志刚、孙娟娟，2009）。只有将这两类代理问题纳入一个完整的理论框架中，才能深入了解中国公司治理机制存在的问题，并提出完整合理的对策建议。然而，已有研究未对代理问题进行细致的区分，更未在此基础上讨论不同代理问题的产生机理和作用机制（张宁，2013）。现有文献大多致力于研究"第一类代理问题"，对"第二类代理问题"的深入研究较为少见，而针对同时纳入"第一类代理问题"和"第二类代理问题"的双重委托代理模式的相关研究则更为鲜见（张宁，2013）。

五、文献述评

关于虚拟经济的研究，国外直接研究虚拟经济的文献较少，相关研究主要集中在虚拟经济与实体经济的相互关系，政府投资行为和投资效率以及公司治理等方面，为资本脱实向虚的研究打下了坚实的基础；国内学者的研究主要集中在虚拟经济的核算、虚拟经济如何脱离实体经济、虚拟经济发展对实体经济的冲击、虚拟经济与泡沫经济的产生与治理、虚拟经济的规模控制等方面，极大地丰富了虚拟经济理论的研究内涵。同时，已有在公司层面关于虚拟经济与实体经济相分离的研究大多基于产权视角（国有、民营）对终极控制人进行分类，在此基础上对不同产权属性的终极控制人的行为及其导致的公司绩效和代理成本进行比较研究。部分研究基本支持国有控股股东对公司价值有负面影响，也有部分研究认为国有控股股东并不总是侵害公司价值，尤其是有些研究还发现政府控股有时比私人控股更有效。这些研究在一定程度上拓展了对上市公司终极控制人的实证研究，提出了有益的治理对策，但鲜有研究从虚拟经济和实体经济属性的二维视角区分终极控制人，并分析上市公司不同经济属性的终极控制人对上市公司的不同影响。只有刘芍佳（2003）做了适当的尝试，将终极控制人分为实业公司和投资管理公司，但他并未深入探讨两类终极控制人的机会主义行为的本质差异。实际上，不同领域（虚拟经济或实体经济）的经济主体，其经济行为、偏好都有很大差异，不同终极控制人获取企业控制权的动机也明显不同，这会对上市公司的经济行为、企业绩效、代理成本产生不同影响，从而在微观层面影响虚拟经济和实体经济的耦合发展。当前，我国实体经济主体和虚拟经济主体的分工在不断扩大，由于虚拟终极控制人和实体终极控制人在动机偏好、运行方式和经济行为方面存在明显差异，虚拟终极控制人可能会通过各种（虚拟）经济手段侵害实体经济，从而对整个国民经济产生根本性破坏。我国上市企业的终极控制人有很大一部分是虚拟经济主体，这种虚拟经济主体与其控股的上市公司之间因目标不一致而产生的控制权冲突会对企业绩效产生很大冲击，从而造成虚拟经济和实体经济的分离。因此，本书从上市公司治理视角分析虚拟经济和实体经济分离的根源，具有重要的理论价值和现实意义，基于微观层面的分析可以为减少这种分离所导致的负面效应提供有效的对策建议。

第三节　研究方法、研究内容与主要创新点

一、研究方法

1. 主要研究思路

本书遵循政策和理论梳理、问题界定、资料收集、理论建模并形成假设和假说、经验实证、提炼政策含义的研究路径。首先，通过文献梳理、比较

分析等方法定义资本脱实向虚的经济学内涵，实际测度中国虚拟经济泡沫与资本脱实向虚的经济行为，并揭示虚拟经济利润形成机理；其次，通过运用终极控制权理论、两权分离理论搭建脱实向虚的微观分析框架，提出终极控制、两权分离与资本脱实向虚的理论假说，探析资本脱实向虚的微观机理；再次，收集上市公司面板数据，运用层次分析方法对理论假说进行实证检验，最后，提出防范资本脱实向虚的政策体系。本书的技术路线如图1-2所示。

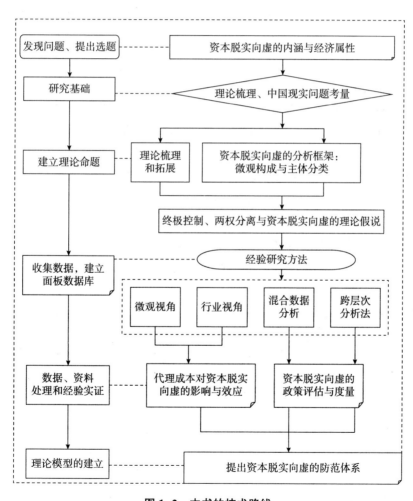

图1-2 本书的技术路线

2. 主要研究方法

本书采用产业经济学、马克思主义政治经济学等赋予实体经济、虚拟经济、"虚""实"终极控制人等理论内涵，运用博弈论、公司治理等理论论证了资本脱实向虚的理论机理，采用计量经济学实证检验了代理成本对资本脱实向虚的影响与效应；此外，本书还采用了系统分析法、比较分析法、层次分析法等。主要研究方法归纳如下：

（1）在资本脱实向虚的理论基础研究中，本书采用历史与逻辑统一的文献分析法对虚拟经济、实体经济、虚拟经济利润形成、资本脱实向虚的微观行为与演化进行全面归纳总结，融合产业经济学与政治经济学为资本脱实向虚行为搭建了新的理论分析框架，并从微观主体视角将宏观经济概念进行微观分解，赋予其全新的经济学定义。

（2）在对资本脱实向虚的理论机理进行研究时，本书运用数学建模的基本方法构建了基于终极控股股东、中小股东和管理层三方博弈的理论模型，在最优化问题求解时运用 Matlab 软件及 C 语言程序，分析终极控制人在金字塔持股下由两权分离度导致的不同投资决策，并对虚拟资本在顺周期与逆周期的特征比较进行了建模，分析了两权分离背景下代理成本对资本脱实向虚的效用，揭开了企业资本脱实向虚的企业"黑箱"。

（3）在考察资本脱实向虚的现状与行为、虚拟经济利润形成以及检验代理成本对资本脱实向虚的政策效应时，本书运用了多种计量分析方法。通过手工收集、datamining 等方法从微观、行业与混合三个层面收集了多方面的数据，并运用时间序列、面板、截面等数据分别从多个层面对资本脱实向虚的行为进行实证分析。

二、研究内容

本书主要分六章展开论证：第一章为导论。主要交代了研究背景、意义、文献综述与研究方法以及创新点等。第二章为资本脱实向虚的理论基础。包括基本概念界定，"虚""实"终极控制与上市公司的微观行为，"虚""实"终极控制、金字塔组织演化与大股东掏空行为等。第三章为虚拟经济泡沫的测度与资本脱实向虚的行为特征。以房地产为例测算了中国房地产泡沫程度，分析了房价高企、流动性紧缩与实体企业融资困境，城镇化、工业化与中国房地产价格波动，"少子老龄化"与中国房价波动以及货币政策调控与房地产泡沫的传递等。第四章为股权结构、投资行为与资本脱实向虚理论机理。主要分析了"虚""实"终极控制、两权偏离与虚实分离，两权分析、代理成本与资金空转以及过度融资、挤出效应与资本脱实向虚等内容，进一步讨论了中国资本脱实向虚的问题。第五章为股权结构、投资行为与资本脱实向虚的实证检验。分别从终极空制、两权分离与过度融资角度实证分析了资本脱实向虚的现象。第六章为资本脱实向虚防范政策体系构建，从资本脱实向虚的核心问题出发，在虚拟经济层面、实体经济层面以及工业转型升级层面构建了资本脱实向虚的政策防范体系。

三、主要创新点

本书的主要创新点体现在以下几个方面：

（1）研究视角的创新。资本脱实向虚是一个宏观经济学问题，本书从微观企业视角入手，将终极控制、两权分离等公司治理的经济学理论纳入统一分析框架，创新性地提出"虚拟终极控制人"与"实体终极控制人"概念，并将终极控制、两权分离与代理成本产生和资本脱实向虚的问题联系起来，从动态视角诠释了资本脱实向虚的机理。

（2）研究方法的创新。本书运用理论分析与假设、数学建模、解析推导、数值计算相结合的方法进行研究。在模型求解过程中，运用随机分析和随机控制理论以及猜测验证的方法进行解析推导，同时运用 HLM 分层线性模型从微观、行业与混合三个层面实证分析资本脱实向虚的微观机理以及两类代理成本对资本脱实向虚的影响路径；在数据采集过程中通过运用手工收集、datamining 等方法完善上市公司面板数据；在数据处理中采用 LASSO 变量选择和断点回归的政策处理效用评估方法，研究方法较前沿。

（3）研究内容的创新。首先，本书赋予了资本脱实向虚经济现象新的经济学内涵，从价值论与产业发展视角探讨了其经济学属性；其次，本书将资本脱实向虚看作虚拟资本价值流向过程，从上市公司治理关系揭开了资本脱实向虚的"黑箱",并提出终极控制—两权分离—资本脱实向虚的理论分析框架;最后,本书强调理论与实践相结合的研究方式,在理论分析的基础上,通过收集数据,对理论假说进行验证,研究内容完整,具有原创性。

| 第二章 |

资本脱实向虚的理论基础

第一节　基本概念界定

一、虚拟经济与实体经济

国内外学者对虚拟经济的内涵和外延尚未形成统一的定义。国外学者一般用"Fictitious Economy""Virtual Economy""Visual Economy"等表述虚拟经济。其中,"Fictitious Economy"是指证券等虚拟资本的交易活动;"Virtual Economy"是指以信息技术为工具进行的经济活动,也有人称之为数字经济或信息经济;"Visual Economy"是指用计算机模拟的可视化经济活动。虚拟经济的定义一般可以分为广义和狭义两种。广义的虚拟经济是指除物质生产活动及有关的一切劳务以外的所有经济活动,包括体育、文艺、银行、保险、房地产、教育、广告业等;狭义的虚拟经济是指与虚拟资本运动有关的金融活动(Beck et al.,2004)。马克思关于虚拟经济三种划分标准的观点认为,虚拟资本是在借贷资本(生息资本)和银行信用制度的基础上产生的,信用化的过程是虚拟化的过程,包括股票、债券、不动产抵押单等,它和实际资本的不同之处在于虚拟资本本身并不具有价值,但它同实际资本一样可以通过循环运动产生利润。成思危(2003)认为,虚拟经济是指与虚拟资本以金融系统为主要依托的循环运动有关的经济活动,货币资本不经过实体经济循环就可以盈利,简单地说就是直接以钱生钱。刘骏民、伍超明(2004)认为,虚拟经济是以资本化定价行为为基础的价格系统，其运行的基本特征是具有内在的波动性。它不仅包括金融，还要包括房地产、无形资产、某些高技术产品和信息产品以及其他可能长期或短期进入这种特殊运行方式的有形产品和劳务。这些划分标准为我们界定虚拟经济提供了理论基础，但是裴小革（2005）的见解可能更为独特，他认为，只有用于可以直接生产增加人类使用价值、效用和福利的产品或服务的生产要素资本，才应划入实体资本，其他用于为实体资本积累服务的货币和各种金融工具等都应划入虚拟资本。近十年来，伴随经济的转型发展，靳永茂（2020）与众多学者一致认为虚拟经济是虚拟资本长期发展所形成的经济形式，是《资本论》中虚拟资本概念的衍生。李晓（2020）则从宏观角度出发，认为虚拟经济是同金融经济、金融化、房地产行业、现代服务业等有着交融关系的一系列产业的总称，它能够为实体经济的高质量发展提供融资帮助。徐国祥和张静昕（2022）认为，虚拟经济若过度发展则易引发金融危机，若其发展水平低下则会抑制实体经济转型，不利于 GDP 增长，他们指出实体经济与虚拟经济应协调发展，并从数理角度分析了两者之间的辩证关系。虽然虚拟资本积累对于实体资本积累的效率有着巨大的影响，但是归根结底，它是不能脱离实体资本积累而单独发展的。

二、新型实体经济

寻找新增长动能迫在眉睫。有关虚拟经济与实体经济的优劣、轻重之争一直没有停止过，一方面是对金融等部门过度膨胀的担忧，金融空转、高杠杆、盈利增长过快，导致其他经济部门"虚火旺盛"、社会资产泡沫严重；另一方面更重要的是对制造业、重工业等传统的基础产业部门能否继续扮演经济增长"火车头"角色的担忧。不少传统的实体经济部门表现平平，部分工业经济大省的工业增加值、就业情况不乐观，增速不断放缓，表明传统制造业正处在向新型制造业转型升级的"犹豫期"。事实上，自2008 年金融危机爆发至今，我国实体投资回报率、劳动生产率增速与全要素生产率都出现了整体性下降的趋势，但随着我国供给侧结构性改革的推进，工业企业利润得到有效提升，2018 年比上一年度增长 10.3%，2021 年更是比 2020 年增长 34.3%，到 2022 年 1~5 月我国工业企业利润已经同比增长了 1.0%。

原有实体经济部门的问题还不止于增长下滑，结构性、机制性问题更为突出：第一，相当数量的实体经济质量较差。其实，不少行业已经处于"产能过剩"阶段，但产品的质量仍然摆脱不了"低、次、劣"。第二，相当多的实体经济行业或企业技术落后。尽管企业在自主投资和长期研发投入方面逐年增多，但科技成果却迟迟不能落地。第三，传统工业和实体企业的生态环境压力巨大。第四，实体经济体制、机制改革亟待深化，政府职能越位、缺位、不到位的问题依然存在，管理服务能力还不够。资源要素价格改革还不到位，要素价格扭曲、市场信号失真，导致了产业分化严重，增长缓慢。

国家在推进供给侧结构性改革的过程中，一直把发展实体经济摆在重要位置。中央在 2017 年经济工作部署中，明确提出振兴实体经济的重大任务，即"坚持以提高质量和核心竞争力为中心，坚持创新驱动发展，扩大高质量产品和服务供给"，尤其是 2020 年面对突如其来的新冠肺炎疫情，党中央坚持人民至上、生命至上的原则，稳住经济大局，我国成为世界上唯一实现经济正增长的经济体，2020 年中央经济工作会议强调要加快经济结构调整，进一步构建以国内大循环为主体、国内国际双循环相互促进的新发展格局，为实体经济减负增效；2021 年中央经济工作会议明确指出要实施新的减税降费政策，加强对中小微企业、个体工商户等实体经济风险化解能力的支持力度，特别是引导金融机构加大对小微企业、绿色发展、科技创新等新型实体经济的帮助。如何实现实体经济的振兴是当前面临的重大课题，在笔者看来，应该对"实体经济"有一个重新的认识和定位，基于时代特征，把握当前经济发展态势，结合当前供给侧结构性改革的背景，大力培育和发展"新实体经济"。

什么是"新实体经济"？简言之就是有效满足客户真实需求、科技含量高、容纳现代人才就业、生态环保可持续发展的新型经济形态。"新实体经济"不是对实体经济从结构层面的分类，而是指传统实体经济在新时代背景下的升级、转型和发展，两者并不对立，而是一种递进关系。

新实体经济有以下三个方面的突出特征：第一，新实体经济跟虚拟经济不存在对立关系，相反，我们之所以要支持"互联网+"，就是因为在新的经济体制下发展新经济需要研究新的经济规律。当前，打算继续沿用传统经济理念来管理新经济的想法是行不通的。互联网可为我国制造向数字化、网络化、智能化迈进提供平台和支撑，并基于信息物理系统的智能装备、智能工厂等智能制造引领制造方式的变革。第二，新实体是经济主体之本原意义的回归。这意味着推进企业部门的"三去一降一补"，全面推动"创新大平台"建设，吸引人才，打造"创新生态链"。例如，浙江省结合产业和行业优势，建设"生态小镇"，通过挖掘小镇自身特质，用"特色"聚集产业，用配套服务涵养产业，使特色小镇成为高端要素集聚的平台、产业创新升级的"发动机"，如嘉善县"归谷智造小镇"，仅一年多时间，便集聚世界各地 7000 多名科技人才。第三，新实体经济是面向未来与先进科学技术结合的经济业态。科技创新的每一次重大突破，往往都会带来一系列新技术、新材料、新工艺、新装备，运用这些先进技术对传统产业进行改造，有利于提升传统产业的生产效率和产品质量，降低生产成本，促进产业的高端化、生态化发展。以科学技术部开展的两化融合贯标工作为例，贯标企业通过运用信息技术，显著提升了研发创新、生产效率和服务水平，运营成本平均下降 8.8%、经营利润平均增加 6.9%，综合效益显著增长。

三、实体终极控制人与虚拟终极控制人

结合裴小革（2005）的观点，本书将那些可以直接用于生产，增加人类使用价值、效用和福利的产品或服务的要素资本划入实体经济领域，将其他的货币、金融工具等划入虚拟经济领域。将致力于从事生产经营活动增加人类使用价值、效用和福利的经济活动主体归于实体经济主体，将其他从事各种金融活动，间接辅助生产经营活动的经济主体界定为虚拟经济主体。显而易见，上市公司终极控制人是一个复合的经济体，带有虚拟经济和实体经济的双重属性，既可以扮演虚拟经济主宰者的角色，也可以成为实体经济的直接参与者。本书主要根据其从事"虚""实"经济的比例或程度的不同进行区分界定，将重点从事虚拟经济活动的终极控制人定义为"虚拟终极控制人"，这类控制人希望通过资本运作、金融套利等虚拟经济手段来获取企业的

股份并赚取利润，偏好于用尽可能小的资本控制尽可能大的经济范围从而实现财富最大化。虚拟终极控制人具体包括资产管理公司，财务公司，银行、保险、投资公司和过度套利投机的自然人，作为上市公司的终极控制人，他们可以间接卷入企业的经营管理活动，但直接参与的可能性不大。另外，我们将重点从事实体经济活动的终极控制人定义为"实体终极控制人"，这类控制人包括一些科研机构、高校、社会团体科研院所、有实业背景的自然人、从事制造业的实业集团等。他们可能也从事股权经营等虚拟经济活动，但他们自身带有浓重的企业家、实业家的精神，倾向于从事商品（服务）的生产经营活动，甚至有时直接参与到企业的生产运营活动中去，致力于将上市公司的实体业务做大做强。

第二节 "虚""实"终极控制与上市公司的微观行为

一、虚拟经济与实体经济的互动

现代虚拟产业是以金融资本运营为手段，以利润最大化为目标，在与经济部门平等交易、互惠互利、信用合作的过程中得到发展。随着社会化分工的扩大，金融虚拟资本从产业资本和商业资本中裂变出来，虚拟经济与实体经济分离成为金融发展过程中的一种伴生现象。但无论是产业资本还是商业资本，都需要虚拟资本作为不可或缺的经营条件，而且"虚""实"经济之间存在一个明显的主副关系：实体经济是虚拟经济和整体社会经济的发展根基，虚拟经济是实体经济发展到一定阶段的衍生产物。随着虚拟资本在社会总资本的运动中所起的推动作用越来越大，虚拟资本从各种资本运营中完全独立出来就成为必然。这期间，各国经济增长方式和对外交流方式发生了全面转变，高度依赖虚拟经济创造 GDP 的增长方式替代了依赖工业化经济创造 GDP 的经济增长方式，世界产业呈现虚拟化程度不断提高的趋势。一方面以

"价值关系"为代表的金融、电子计算机、网络经济等虚拟产业控制了产业链中高附加值环节,通过金融活动直接获取巨额收益,即所谓的金融"创新"造成虚拟经济急剧膨胀;另一方面以"物质关系"为代表的制造、加工、贸易等实体产业处于价值链的较低环节,在受到金融危机带来的外部需求疲软与成本上升的双重约束下,利润空间进一步压缩,产能过剩、融资困难等问题凸显,实体产业生存堪忧。

这两方面使现代金融和虚拟资本在后续发展中逐渐超越了原有的主副关系,"虚""实"经济因分工过度而分离发展,大量资源积聚在虚拟经济领域,实体经济发展缓慢,产能过剩、投资不足、成本上升等问题层出不穷。另外,虚拟经济内部本身也出现分工深化和过度创新的问题,金融工具和衍生品日渐繁多,虚拟经济过度膨胀,给社会经济安全带来极大隐患。在中国,虚拟经济也呈现过度发展的态势,高利贷、地方债、泡沫经济、影子银行等一系列问题都危害到了实体经济的发展,这是虚拟经济和实体经济过度分离而导致的实体经济危机(陈文玲,2008)。虚拟经济过度膨胀挤占实体经济资本,致使实体经济"造血"功能缺失(文春晖等,2013),实体经济与虚拟经济应当是相辅相成的发展关系且两者之间存在着相互促进的最优点,但目前两者离协调发展的最优状态还有较大距离,我国对实体经济与虚拟经济关系的监督需要进一步加强,需持续完善信用制度体系(孙畅,2019)。当前,实体经济与虚拟经济出现结构性"脱节",是阻碍我国经济发展的"拦路虎",也是导致金融市场不稳定的重要因素(杨帆,2020),实体经济的经营成本上升、产能过剩、利润率低下等问题与蓬勃发展的虚拟经济显得格格不入,这一境地亟待得到改变。

二、两类终极控制人及其金字塔持股特征比较

在微观企业层面,虚拟经济或虚拟资本是引起危机和欺诈行为的最有效工具(雷起荃,2001)。我国上市公司大多被终极控制人把持,处于企业金字塔底层的上市公司,其资产往往会被"控制性股东"通过虚拟资本运作手段输送到金字塔的上层,上市公司中小股东的利益面临被严重侵占的危险,实务界和学术界也越来越关注这种"掏空上市公司"的行为。由于公司内部治

理机制不完善，外部监管制度不健全，上市公司终极控制人存在强大的动机掏空上市公司，一些终极控制人通过金字塔结构、交叉持股和发行复式表决权的股票等虚拟运作方式，使自身的控制权和现金流权偏离，从而以较小的现金流权和较大的控制杠杆对公司实施完整控制（La Porta et al.，1999）。在金字塔组织的掩护下，终极控制人通过定向发行稀释性股权、股票内幕交易、关联交易、渐进式收购等资本运作手段，转移公司资产并攫取控制权私有收益。这些被学者称为"隧道"（Tunneling）特征的机会主义行为对公司价值产生了严重的侵蚀，导致了高昂的第二类代理成本，直接制约了我国资本市场的发展（唐跃军等，2010）。以我国上市家族企业为例，有9.26%的上市家族企业终极控制权在60%以上，可见其强烈的控制权欲望，我国上市家族企业终极控制权与现金流量权分离现象非常明显，两权分散度越大，给家族控股股东提供的权力空间就越大，从而对中小股东的利益造成损失的可能性就越大（李大鹏，2018），随着金字塔结构层次数量的变化，终极控制人通常可借助较少的初始所有权获取对上市公司较大的控制权，在第二类企业股东与公司管理层的代理关系中，若上市公司拥有集中度较高的股权，大股东和终极控制人对信息的获取具有绝对优势，那么在信息不对称的条件下合伙实施掏空行为、损害中小股东利益将会更严重（种林，2021）。

由于本身经济属性的不同，两类终极控制人对上市公司的控制方式存在明显差异，对上市公司在实体经济领域的经营管理行为产生不同的影响，从而在上市公司层面影响到实体经济和虚拟经济之间的协调发展。为了深入了解两类终极控制人金字塔持股特征的差异，我们搜集、整理了2004~2011年中国两类终极控制人通过金字塔方式把持上市公司的持股结构特征方面的数据，终极控制人直接或间接控制上市公司的控制链可能有多条，我们采用终极控制人控制最长的一条控制链上中间层公司的数量来衡量控制链的长度，由此得出金字塔的控制层级；采用在某一个控制层级上金字塔控制链条的数量来度量金字塔宽度；采用从终极控制人到上市公司的所有链条的数量来度量金字塔结构的复杂度。

对于由金字塔组织导致的控制权和所有权分离度，我们用终极控制权减去终极现金流权来度量。终极控制权的计算方式是控制链上最弱的投票权相加之和，具体为 $Cont = \sum_{i=1}^{n} \min(a_{it})$。其中，$a_{i1}$，$\cdots$，$a_{it}$ 为第 i 条控制链的所有链间的控股比例。用控制性股东通过所有控制链累积持有上市公司的所有权权益比例来表示控股股东的现金流权,其中每条控制链顶端对终端上市公司的所有权权益比例,等于该条控制链的所有链上控股股东各层持股比例的乘积。具体为 $Cash = \sum_{i=1}^{n} \prod_{t=1}^{t} a_{it}$,其中, a_{i1} , $\cdots$, a_{it} 为第 i 条控制链的所有链间控股比例。金字塔特征和两权分离度的具体结果见表 2-1。从表中列示的金字塔结构相关变量的历年均值特征来看,我国终极控制人把控上市公司的金字塔持股组织的长度、宽度、复杂度基本上都在逐年加大,由于金字塔持股复杂度的进一步提升,上市公司终极控制权和所有权的分离程度也有逐年加大的趋势。

表 2-1 2004～2011 年金字塔变量历年均值特征

年份		2004	2005	2006	2007	2008	2009	2010	2011
金字塔控股长度	均值	2.309	2.371	2.410	2.420	2.462	2.442	2.440	2.641
	方差	0.832	0.884	0.914	0.959	0.996	1.010	1.045	1.108
金字塔控股宽度	均值	1.202	1.231	1.265	1.306	1.344	1.363	1.376	1.433
	方差	0.619	0.694	0.725	0.786	0.861	0.845	0.832	0.930
金字塔控股复杂度	均值	2.966	3.174	3.326	3.485	3.682	3.678	3.692	4.244
	方差	2.748	3.555	3.543	3.852	4.416	4.079	4.138	4.933
终极控制权	均值	0.421	0.407	0.372	0.370	0.376	0.380	0.384	0.372
	方差	0.166	0.161	0.153	0.157	0.162	0.166	0.165	0.165
终极现金流权	均值	0.356	0.336	0.301	0.299	0.303	0.309	0.314	0.297
	方差	0.195	0.186	0.170	0.170	0.170	0.173	0.170	0.171
两权分离度	均值	0.065	0.071	0.071	0.071	0.074	0.071	0.070	0.075
	方差	0.095	0.099	0.095	0.096	0.101	0.101	0.100	0.104
虚拟终极控制人比例	均值	0.593	0.589	0.566	0.548	0.542	0.541	0.498	0.530
	方差	0.492	0.492	0.496	0.498	0.498	0.499	0.500	0.499
观测值		1298	1308	1379	1480	1532	1676	1996	1466

资料来源:笔者根据 2004～2011 年中国 A 股上市公司年报披露的终极控制人相关指标手工整理、测算所得。

我们接下来按照虚拟终极控制和实体终极控制的终极控制差异来分类，进一步分析两类终极控制人金字塔持股结构的演化，具体结果见图2-1。从图中可以看出，两类终极控制人金字塔持股的相关特征进一步支持了表2-1中金字塔持股结构日渐复杂的结论，虚拟终极控制人和实体终极控制人的金字塔持股结构的长度、宽度、复杂度大致都呈现不断提高的趋势。在金字塔持股宽度方面，实体终极控制人的金字塔持股宽度始终比虚拟终极控制人的金字塔持股宽度要宽。而在金字塔组织的长度方面，在2007年，实体终极控制的长度超越了虚拟终极控制，从2008年开始，虚拟终极控制的金字塔组织要比实体终极控制的长。从这些终极控制特征来看，不同经济属性下的金字塔结构具有不同的控制特征，虚拟终极控制具有明显的"长窄"特征，而实体终极控制的"宽扁"特征更为明显。

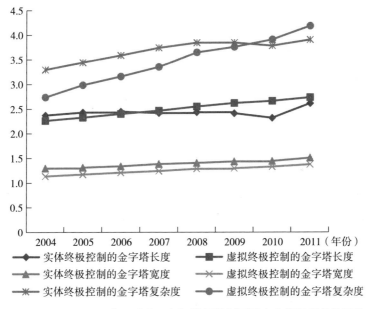

图2-1 2004~2011年"虚""实"终极控制下的金字塔组织结构演化

资料来源：笔者根据2004~2011年中国A股上市公司年报披露的终极控制人相关指标手工整理、测算所得。

从金字塔持股的总体复杂度来看，和表2-1的结果同样一致，虚拟终极控制和实体终极控制的金字塔复杂度都在逐年加大。但在2010年以前，实体终极控制人的金字塔控股复杂度更高，而到 2010 年以后，虚拟终极控制人的金字塔控股复杂度超越了实体终极控制人的金字塔控股复杂度。但实体终极控制的复杂度加大的速度相对缓慢，虚拟终极控制的复杂度加大的速度相对更快。这说明我国上市公司终极控制人从实体经济主体向虚拟经济主体变迁的趋势明显，虚拟终极控制人的比例尽管在不断降低，但其把控的经济范围却在不断扩大，虚拟经济和实体经济在上市公司层面的分离度日渐扩大。为了进一步佐证这种特征，我们对"虚""实"终极控制的特征做了均值 t 检验，结果如表 2-2 所示。

表 2-2　两类金字塔组织的特征差异比较

变量	（ⅰ）实体终极控制 （$N=5047$）			（ⅱ）虚拟终极控制 （$N=6240$）			均值比较	
	均值	最小值	最大值	均值	最小值	最大值	均值（ⅰ）-均值（ⅱ）	p 值
金字塔控股长度	2.428	1.000	9.000	2.506	1.000	8.000	−0.078	<0.001
金字塔控股宽度	1.397	1.000	9.000	1.257	1.000	11.000	0.1395	0.010
金字塔控股复杂度	3.769	1.000	72.000	3.473	1.000	70.000	0.297	0.001
终极控制权	0.342	0.022	1.000	0.411	0.025	1.000	−0.0686	0.015
终极现金流权	0.238	0.001	1.000	0.366	0.004	0.920	−0.1275	<0.001
两权分离度	0.104	0.000	0.817	0.045	0.000	0.561	0.0588	0.050
两权分离度比例	0.319	0.000	0.995	0.115	0.000	0.974	0.2035	0.010

从虚拟终极控制人和实体终极控制人的金字塔结构的组织架构来看，虚拟终极控制下的金字塔结构的控制链条长度、宽度、复杂度分别为 2.506、1.257 和 3.473，实体终极控制下的金字塔结构的控制链条长度、宽度、复杂度分别为 2.428、1.397 和 3.769，在长度和宽度层面，实体终极控制和虚拟终极控制的组间均值差异为−0.078 和 0.1395，而且其显著性非常明显。这进一步佐证了我国虚拟终极控制人倾向于通过长链条、窄跨度的"长窄"模式控制上市公司，而实体终极控制人主要通过短链条、宽跨度的"宽扁"模式把控上市公司。不过从表 2-2 的结果也可以看出，实体终极控制下的金字塔复杂度

要大于虚拟终极控制下的金字塔复杂度，而且实体终极控制人由金字塔导致的两权分离度要比虚拟终极控制下的两权分离度大1倍以上，这可能是受到上市公司所在行业的具体特征的影响。但从图2-1可以发现，虚拟经济主体控制的金字塔结构复杂度在2010年已经超越了实体经济主体所把控的金字塔组织的复杂程度，原因可能是得到了虚拟终极控制人对金字塔层级加大的助推。

总的来看，我们利用2004~2011年中国A股上市公司的面板数据进行统计分析发现，中国金字塔持股结构呈现日益复杂和从实体终极控制向虚拟终极控制变迁的趋势，而且不同属性的终极控制人对上市公司的金字塔控制结构存在明显差异，具体呈现虚拟"长窄"控制和实体"宽扁"控制的特征。我们认为这种内部制度安排的差异可以从不同类型终极控制人对上市公司掏空和支持两个层面加以分析。实际上，终极控制人类型不同，其对上市公司的掏空和支持方式也存在差异。从终极控制人对上市公司的掏空层面来看，虚拟终极控制人可能更倾向于躲在金字塔结构背后，利用"长窄"式金字塔做隐蔽，通过资本运作、资产重组等方式来攫取非经营性控制权私利。而实体终极控制人可能更倾向于利用"宽扁"式金字塔持股，通过低层级、多链条控制来参与上市公司的经营管理，从而在供应、生产、销售等经营活动中攫取经营性控制权私利。另外，从支持层面来看，在公司面临财务困境时，虚拟终极控制人尽管受到资本规模的约束，但是可以发挥自身资本运作的优势，利用金字塔持股的杠杆控制来配置金字塔结构的内部资本市场，为上市公司提供内部市场低成本的资本支持。而实体终极控制人在公司陷入经营危机时可以通过低层级、多链条控制方式为上市公司提供运营支撑和战略支持，使公司度过经营危机。综合上述虚拟终极控制和实体终极控制的结构差异可以看出，我国上市公司终极控制人的金字塔控股结构是一把"双刃剑"，可以为终极控制人支持上市公司提供渠道，也可以成为终极控制人掏空上市公司的工具。至于到底是支持层面更大还是掏空层面更大，需要我们通过进一步的计量研究来分析。

三、两类终极控制人的机会主义行为差异

首先我们来考察虚拟经济主体作为终极控制人时对上市公司的影响。虚拟经济主体（如金融集团、资产管理公司等）隐藏在上市公司金字塔结构后，

以终极控制人的身份控制实体经济，体现了一定的专业化分工：借助其在资本运作上的比较优势，可以优化资源配置，提高企业运行效率，降低信息不对称。相较于上市公司的中小股东，他们难以通过分散投资减少风险，卷入程度较高的虚拟控股股东不仅有动机监督公司经理人的行为，而且有足够能力（股权）影响公司经理人，从而体现出虚拟终极控制人的监督效应，有效降低了第一类代理成本。但是虚拟资本也是引起危机和欺诈行为的一种最有效工具（雷起荃，2001）。虚拟终极控制人通过虚拟运作方式，使其控制权和现金流权偏离，从而以较小的现金流权和较大的控制杠杆对公司实施完整控制，通过资本投资占有控制性资源进而获取控制权私利（李训和代彬，2013），在股权集中的条件下，可能上市公司终极控制人、中小股东与管理层三方之间存在利益冲突，虚拟终极控制人为追求最大的经济利益可能与管理层合谋，攫取中小股东的利益，若终极控制人对企业的控制权远超现金流权，会对公司的经营发展产生不利影响，因其掌握了信息优势，可能为获取大于其所有权的效益而做出不道德的行为（朱柏宇，2020）。在金字塔组织的掩护下，虚拟终极控制人凭借对虚拟经济活动的控制手段和操控能力，运用各种资本运作手段（如定向发行稀释性股权等），转移公司资产并攫取控制权私有收益。这些机会主义行为严重侵蚀了公司价值，导致了高昂的第二类代理成本，也使两类经济主体的投资收益率发生了严重背离。

中国虚拟经济主体主要是通过复杂的金字塔持股结构把控上市公司，在股权结构高度集中、控股股东控制权和现金流权严重偏离的条件下，控股股东掌控了公司治理与企业管理的主要工作。控股股东和小股东之间经常存在严重的利益冲突，公司治理的主要方面是降低控股股东与中小股东之间的第二类代理问题（唐跃军等，2012）。由于两类经济主体价值取向的不一致，凭借金字塔控股导致的对"一股一票"的偏离，虚拟经济主体在上市公司中存在过度投资于虚拟经济活动、忽略实体经济业务的倾向，而且他们有增加固定资产、无形资产和股权并购的资本投入动机，在公司规模扩张、项目选择和（营销、创新）战略制定等方面做出不利于中小股东的决策。但这种自利动机下的投资选择降低了上市公司的整体资本配置效率，不仅导致投资结构的异化，而且在整体经济层面加剧了我国虚拟经济和实体经济的分离。另外，通过金字塔控制不仅可以攫取远超现金流权比例的超额收益，而且可以将个人风险不断外部化（Bebchuk et al.，1999）。有研究发现，虚拟终极控制人会策略性地将业绩不佳的公司置于金字塔结构的底层，从而尽可能地减少在攫取私利时对自己产生的不良影响（Attig et al.，2003）。资本是逐利的，利润越高，资本流向的动力就会越大，近几十年随着经济的高速发展，金融自由程度显著提高，为虚拟资本的发展开辟了道路，虚拟经济正是因为这些便利条件，且金融杠杆率高、利润大得以迅猛发展（李晓，2020），同时用于实体经济的各类资本也流向了虚拟经济一端，导致实体经济方面出现了融资难、融资贵等问题，在经济社会中出现"脱实向虚"与"虚实分离"等现象，这会进一步加大虚拟经济和实体经济之间的组织距离，背离虚拟经济为实体经济服务的初衷，对实体经济发展产生更进一步的负面影响。

实体终极控制人多注重企业的永续经营和持续发展，有足够的意愿为企业提供战略支撑和技术支持。他们通常不偏好于通过投机、套利等机会主义行为侵害上市公司价值，而是着力于推动上市公司的业务进展和效益提升。他们会长期、固定地持有股票，不会随着股票价格的变动和公司的分红政策、经营状况变化而买卖股份。他们倾向于通过金字塔形式积聚、控股同行、同专业的上市公司，促进上市公司实施专业化经营（刘芍佳，2003）[①]。另外，这类终极控制人更符合 Jensen 和 Meckling（1976）的利益协同假说（Convergence of Interest Hypothesis），他们与偏好于价值投资的中小股东在价值观层面的一致性更高，不仅会克制自身的第二类代理成本，而且会在公司危难的时候反哺上市公司，为公司提供必要的生存资源，进而保护中小股东利益。但不能就此认为他们不会利用自身的终极控制权来攫取控制权私利，反而由于其更为广泛地参与公司的实际运营与管理，更便于攫取控制权私利，并增加终极股东与金字塔内部股权关系的代理成本。而且在运营管理层面对上市公司进行把控，也可能使上市公司背离公司最基本的特征——独立于股东的人格独立性（赵宇华，2006），以上市公司并购为例，终极控制人对企业选择何种模式并购具有显著性影响，因其持股占比的增加，在上市公司经营决策过程中话语权在不断提升，终极控制人为追求自身利益会采取多元化的并购方式（石颖，2016），终极控制人根据性质不同，分为国有产权控股与私有产权

---

① 刘芍佳（2003）研究发现，实体终极控制人控制的同行、同专业公司的业绩要比不同行或不同专业公司的绩效高。

控股，由于性质的不同它们受到的监督与管控有所差异，在我国私有产权上市公司的经营过程中，面临着实际控制人转移企业资产的严重隐患（孙明蕾，2020）。但是，由于在上市公司层面不存在两类经济之间的过度分工问题，因此其对上市公司的机会主义行为导致两类经济严重分离的可能性较小。

第三节　"虚""实"终极控制、金字塔组织演化与大股东掏空

一、金字塔结构与大股东掏空的度量

为了考察金字塔结构对不同类型的大股东掏空上市公司程度的影响，本书设置了因变量 Lnzjj，用控股股东对上市公司的资金占用度量控股股东对上市公司的掏空程度。控股股东占用上市公司的资金主要通过应收账款、预付账款、其他应收款和其他长期应收款四个会计科目反映；上市公司占用控股股东资金的情况则主要通过应付账款、预收账款、其他应付款和其他长期应付款四个会计科目反映。将上市公司向控股股东借出的资金减去从控股股东借入的资金得到控股股东对上市公司的资金净占用额，即：

控制权私利=（应收账款+预付账款+其他应收款+其他长期应收款）－

（应付账款+预收账款+其他应付款+其他长期应付款）

另外，根据研究的需要，我们也控制了上市公司市账比、资产负债率、股权制衡度、董事会持股比例等指标。实证研究具体涉及的指标如表 2-3 所示。

表 2-3　变量汇总

变量	符号	变量测度
金字塔控股长度	Length	上市公司实际控制人控制链条的最长层级
金字塔控股宽度	Links	在单一控制层级上，上一层控股者控制下一层的最多持股链接

变量	符号	变量测度
金字塔控股复杂度	Jztfzd	终极控制人与上市公司在各个持股层级上的全部持股链接
两权分离度	Dc	终极控制权与终极现金流权的差额
终极控制权	Cont	控制链上最弱的投票权相加之和
终极现金流权	Cash	控制性股东通过所有控制链累积持有上市公司的所有权权益比例
终极控制哑变量	Vor	Vor=1，虚拟终极控制；Vor=0，实体终极控制
两权分离度比例	Dcc	终极控制权与终极现金流权的差额除以终极所有权
控股股东私利	Lnzjj	大股东对上市公司资金的占用程度
市账比	Mb	股价与每股账面值的比率
资产负债率	Dar	总负债/总资产
董事会持股比例	Bsr	董事持股总数/公司总股本
股权制衡度	Cr_5	前2~5位大股东的持股之和
企业规模	Lnta	企业总资产对数

首先我们对关键变量进行描述性统计，具体结果见表2-4。从描述性统计结果可以看出，我国上市公司金字塔组织结构的长度和宽度的跨度都比较大，金字塔的控制长度最长达到了9层，而宽度最宽可达11列。而且从标准差的大小来分析，终极控制人通过金字塔控制上市公司的链接数量存在较大的差异，有的金字塔结构内部有72条关联链条，复杂程度相当高，有的终极控制人只通过1层控制着上市公司。从虚拟经济和实体经济主体的比例来看，虚拟经济主体在整个经济主体中所占的比例接近55%，已经在整个国民经济中占据了主导地位。

表2-4　相关变量描述性统计

变量	均值	标准差	最小值	最大值
Length	2.423	0.984	1	9
Links	1.322	0.802	1	11
Jztfzd	3.539	4.004	1	72

变量	均值	标准差	最小值	最大值
Dc	0.071	0.099	0.000	0.817
Cont	0.384	0.163	0.022	1
Cash	0.314	0.176	0.001	1
Xushistyle	0.549	0.498	0.000	1
Dcc	0.202	0.262	0.000	0.995

接下来我们对重要相关变量进行相关性分析，统计结果见表2-5。从表中可以看出，上市公司终极控制人的金字塔控股宽度和长度存在正相关关系，而且金字塔长度、宽度和复杂度均与上市公司终极所有权和终极控制权的分离度存在正相关关系，说明金字塔结构是导致终极控制权和终极所有权分离的有效手段。另外，金字塔组织各结构特征与终极控制权存在正相关关系，与终极现金流权存在负相关关系。这些相关性分析结果都表明金字塔结构是上市公司终极控制人谋取更大控制权的重要工具，但是金字塔结构也制约了终极控制人现金流权在上市公司的权利效果。终极控制权与控制权私利正相关，体现出终极控制权的"堑壕效应"（Entrenchment Effect），终极现金流权与控制权私利负相关，体现终极控股股东的现金流权影响其掏空动机和掏空能力。终极控制人的虚拟经济属性与金字塔长度正相关，与金字塔宽度负相关，也与金字塔复杂度负相关。说明终极控制人经济属性的差异会导致其金字塔控股结构和控股策略的差异，虚拟终极控制人更偏好于通过长链条控制上市公司，实体终极控制人更倾向于通过宽链条控制上市公司。而且由于自身财富的约束，虚拟终极控制人倾向于用适度复杂的金字塔结构控制上市公司，从而可能通过资产处置、资产重组等虚拟运作方式攫取非经营性控制权私人收益，实体终极控制人则更偏好于用更多的链接与上市公司建立联系，从而通过与上市公司的供应、生产和销售等相关业务活动攫取经营性控制权私人收益。

表 2-5　相关性分析

变量	Length	Links	Jztfzd	Dc	Cont	Cash	Lnzjj
Links	0. 4271 **						
Jztfzd	0. 6754 *	0. 9027 *					
Dc	0. 4633 ***	0. 2836 **	0. 3638 *				
Cont	0. 0839 *	0. 1661 ***	0. 1423 ***	0. 1681 **			
Cash	-0. 1835 ***	-0. 006	-0. 0733 *	-0. 4081 *	0. 4314 **		
Lnzjj	0. 0501 ***	-0. 0006	0. 0247 *	0. 0211	0. 0099	-0. 003	
Vor	0. 0395 *	-0. 0853 *	-0. 0361 *	-0. 2946 *	0. 2114 *	0. 3608 **	0. 0416 ***

注：***、**、*分别表示在 1%、5%、10% 水平下显著。

从变量间相关性大小来看，金字塔复杂度和金字塔长度、宽度呈明显的正相关关系，分别为 0. 68 和 0. 90，都在 0. 6 以上，如果将其放在模型中会产生共线性问题。金字塔长度和金字塔宽度的相关性也显著为正，相关性系数为 0. 43，没有超过 0. 5，所以可以将二者放入同一模型中做回归分析。另外，除了金字塔复杂度与金字塔长度和宽度之间的相关性超过了 0. 5 之外，其他的变量相关性都没有超过 0. 5，可以放入实证模型中进行回归分析。基于这些相关性分析结果，以及考虑到消除共线性对实证结果的影响，我们将金字塔复杂度、金字塔长度和宽度分别作为解释变量纳入实证分析模型中。

二、"虚""实"终极控制、金字塔组织演化与大股东掏空的实证分析

在有效了解两类终极控制人控制下的金字塔结构特征演化的基础上，我们实证检验金字塔结构对上市公司控制权私利的影响。首先分析终极控制人通过金字塔结构复杂度对上市公司的掏空，具体实证结果见表 2-6 中的模型（1）和模型（2）。从实证结果来看，实体终极控制人不倾向于通过金字塔为自身谋取控制权私利，金字塔的复杂度反而成为实体终极控制人支持上市公司的有效工具。而对于虚拟终极控制人来说，金字塔结构成为其谋取控制权私利的有效利器，他们隐藏在金字塔结构背后，严重威胁了上市公司的价值

和中小股东的利益。

表2-6　计量结果汇总

因变量	终极控制权私利			
自变量	（1）实体控制人	（2）虚拟控制人	（3）实体控制人	（4）虚拟控制人
Jztfzd	−0.021***	0.020*		
Length			0.059*	−0.02
Links			−0.12***	0.12**
Mb	0.002	−0.015	0.003	−0.014
Dar	0.005***	0.009***	0.005***	0.009***
Bsr	−0.007*	0.048**	−0.005	0.048**
Cr_5	−0.070	0.077	−0.03	0.086
Lnta	0.793***	0.698***	0.794***	0.699***
C	1.587**	2.885***	1.505**	2.823***
N	3617	4658	3617	4658
R^2	0.334	0.288	0.336	0.289

注：***、**、*分别表示在1%、5%、10%水平显著。

接下来我们从金字塔长度和宽度两个层面来进一步检验终极控制人利用金字塔结构对上市公司的掏空可能，我们将金字塔组织的长度和宽度两个指标纳入实证模型，具体研究结果见表2-6中的模型（3）和模型（4）。从实证结果来看，实体终极控制人主要是通过金字塔结构的长度来攫取控制权私利，而金字塔结构的宽度有效抑制了实体终极控制人对上市公司的掏空。另外，虚拟终极控制人主要通过宽金字塔结构来掏空上市公司，而与实体终极控制人把控的金字塔结构的情况相反，尽管显著性不明显，但是虚拟终极控制人私利受到了金字塔长度的抑制。实际上，结合相关性的分析结果，Links在掏空或支持中发挥了关键作用，虚拟终极控制人通过金字塔宽度掏空上市公司，实体终极控制人通过金字塔宽度支持上市公司。

前文对两类终极控制人的金字塔持股结构演变进行了分析，发现中国的金字塔组织呈现虚拟"长窄"控制和实体"宽扁"控制特征，而且提出这两种组织结构安排的"双刃剑"效应，即可以同时帮助不同类型的终极控制人掏空和支持上市公司，但是我们对这种"双刃剑"效应做了进一步检验，发现虚拟"长窄"控制和实体"宽扁"控制特征对上市公司的支持力度要大于掏空力度，我国上市公司终极控制人的虚拟"长窄"控制和实体"宽扁"控制的制度安排有一定的合理性，在整体上提高了终极控制人对上市公司的支持而非掏空。不过，不同类型终极控制人的金字塔组织结构也有其不合理的方面，虚拟终极控制下的金字塔结构也在日渐提高，这为虚拟终极控制人掏空上市公司提供了通道。所以，对于虚拟终极控制人控制下的金字塔结构复杂度的日益提高，政府相关部门应该采取一定的手段对其进行有效遏制。

实际上，我们认为可以从终极控制权经济分工的视角对终极控制人金字塔持股结构的差异特征做进一步的讨论。从经济分工的视角来看，虚拟经济主体作为终极控制人的长窄型金字塔控股特征不仅可以发挥虚拟终极控制人在资本运作方面的比较优势，还可以有效降低对上市公司实体业务方面经营管理的直接干预，在虚拟经济和实体经济之间呈现较为合理的分工。同理，实体终极控制人的宽扁金字塔控股结构也体现了虚拟经济和实体经济之间较为合理的分工，宽扁型金字塔控股特征不仅可以发挥实体终极控制人在实业经营方面的比较优势，为上市公司的实业发展提供有效的监控和支撑，而且这种控股结构也可以使实体终极控制人规避自身在虚拟资本运作层面的劣势。基于经济分工视角的分析给我们带来了很明显的政策含义，政府相关监管部门可以重点监管那些实体终极控制下的"长窄"金字塔组织和虚拟终极控制下的"宽扁"金字塔组织，这两类金字塔组织可能存在更为明显的掏空可能。

综合本书的实证结果，为了保证我国资本市场的有效发展，保护上市公司外部投资者的利益，政府相关监管部门应采取措施抑制虚拟终极控制人把控的金字塔控股结构的进一步复杂化，应重点约束实体"长窄"控制和虚拟"宽扁"控制的金字塔组织的终极控制人的机会主义行为。另外，我国虚拟经济和实体经济的分离发展主要是由于虚拟经济主体加剧了金字塔结构的复杂度，从而利用金字塔控股攫取控制权私人收益，加大了虚拟经济主体和实体经济主体收益率之间的差距，从上市公司层面造成了虚拟经济和实体经济的分离。要抑制虚拟经济和实体经济的分离，应重点监管虚拟经济主体通过金字塔持股掏空上市公司，通过加剧金字塔持股结构的复杂程度攫取控制权私人收益，应鼓励那些实体终极控制人在实体经济领域进行产业整合，通过"宽扁"型金字塔终极控股形式控制上市公司。

三、"虚""实"终极控制与企业资本脱实向虚的经济行为

本书基于终极控制人的虚拟经济属性和实体经济属性差异，将上市公司终极控股的金字塔结构分为虚拟终极控制和实体终极控制两类，研究了我国上市公司终极控制人控股结构的演化以及金字塔持股结构对控制权私人收益的影响，并通过面板数据进行统计分析发现，金字塔持股结构呈现日益复杂和从实体终极控制向虚拟终极控制变迁的趋势，而且不同属性的终极控制人对上市公司的金字塔控制结构存在明显差异，具体呈现虚拟"长窄"控制和实体"宽扁"控制的特征。另外，我们进一步地实证分析发现，虚拟"长窄"控制和实体"宽扁"控制的金字塔持股制度安排有一定的合理性，因为实证结果显示，金字塔长度可以助长实体终极控制人对上市公司的掏空，抑制虚拟终极控制人对上市公司的掏空，而金字塔宽度可以抑制实体终极控制人的掏空，促进虚拟终极控制人对上市公司的掏空。但是我们也发现，金字塔的制度安排也存在不合理的地方，尽管金字塔持股复杂度可以抑制实体终极控股人对上市公司的掏空，但助长了虚拟终极控制人对上市公司的掏空。

实际上，就上市公司具体运营层面来看，虚拟终极控制人在企业管理方面的专业化能力远不如实体终极控制人，前者无法有效为实体企业提供技术支撑和战略（营销战略、创新战略）支持，反而可能由于激进的战略行为阻碍公司的发展。产品营销和技术创新是上市公司为实体经济服务的两大重要虚拟经济活动，因此可以从这两个方面分析虚拟终极控制人在上市公司层面所引致的"虚""实"经济分离的过程。

首先分析终极控制人对上市公司营销战略的影响。已有研究发现，虚拟终极控制人会使上市公司营销战略风格趋向于激进而非保守。受到第二类代理问题的左右，他们更倾向于拿中小股东的钱去实施激进的营销战略，进行"大肆炒作"以追求"市场轰动效应"并获取短期利润（如炒作、知名度）（唐跃军等，2012）。其在营销层面的机会主义行为忽略了营销活动最为根本的使命，即向消费者传递产品核心价值。由于缺乏连续性和一贯性，过度激

进的营销虽然能在一定程度上促进营业收入增长（做大），但无法保持公司的持续盈利水平和发展潜力（做强）。另外，激进的营销战略和高额的营销成本不仅无法对消费者品牌忠诚度和消费习惯产生持续影响，从而不能有效培养消费者的忠诚度并开拓市场份额，而且会挤占企业在研发、内部运营、售后服务等与实体经济业务高度相关领域的资金投入，无法增加在获取顾客、建立品牌资产等方面投资的正面信号（Kim and Mc Alister，2011），将最终损害上市公司实体经济业务的未来业绩和降低持续发展的能力。从"虚""实"经济耦合发展的角度，虚拟终极控制人也改变了上市公司的市场营销这一虚拟经济业务为其实业服务的初衷。而相对于那些卷入程度很高的实体终极控制人控制的上市公司，由于其极高的现金流权和对风险的态度，在诸如广告投入、营销推广等存在较大不确定性的方面反而会表现得格外谨慎，我国上市公司股权呈现高度集中的趋势，企业里"一股独大"的终极控制人现象普遍存在，这对上市公司营销战略具有深刻影响，例如相比之下利用现有营销机会，探讨新的营销机会自然会伴有不确定性风险，其不确定性体现在投入成本高昂，成功时带来的经济收益高，而终极控制人对是否投入这项费用具有绝对的表决权（杨扬，2019）。

再来分析终极控制人控制下的上市公司的创新战略选择。在欧美成熟市场环境和公司治理模式下，研发与创新主要受到第一类代理问题的影响；但在中国等新兴市场环境和公司治理模式下，第二类代理问题以及与此相关的大股东制衡机制对公司研发、创新投入产生明显影响。虚拟终极控制人更倾向于用较小的现金流权获得较大的控制权，现金流权与控制权分离程度越大，终极股东与中小股东之间的代理冲突也越严重。虽然研发、创新投资能够给企业带来长远的利益，但其产出具有公共产品的非排斥和非专有特征，加之研发、创新需要巨额资金支持，但研发结果却常常伴随巨大风险，这都使得被第二类代理问题左右的虚拟终极控股股东缺乏对上市公司持续、高水平创新投资的动力和意愿。为了实现控制权（私人）收益最大化，虚拟终极控制人可能更偏好于短期收益，减少风险大、周期长的研发、创新投资，加大短期内能够见效的一些项目投资，这在上市公司层面抑制了为实体经济服务的技术创新活动的发展，进一步导致了"虚""实"经济的背离。而对于那些卷入程度很高的实体终极控制人控制的上市公司来说，由于自身的经济属性，他们更专注于研发和技术创新，希望通过研发投资占领市场制高点，更愿意投资于科技创新、研发、人才培育等与技术相关的领域。

综上所述，由于激励不相容的存在，虚拟终极控制人可以从对上市公司产生负收益的项目中获得高额回报，在一些有利于自身利益的虚拟经济活动中过度投资，一些实体经济项目中投资不足，造成上市公司投资结构扭曲和投资效率低下。上市公司虚拟终极控制人的机会主义行为严重，缺乏进行持续、高水平创新投资的动力，更倾向于推动企业向高利润的房地产行业、金融行业等虚拟经济领域发展，通过实施激进的营销战略来赚取短期收益。他们最终通过手中的控制权将上市公司资金从实体经济挤出，使资金滞留于虚拟经济领域，挤占实体经济所需资金，损害实体经济发展。刘骏民（2004）研究发现，"虚""实"经济收益率的差异是股票市场与实体经济背离的主要原因，而收益率差异又根源于股市结构和实体经济结构的非对称性，其背后的根本原因在于资本市场体制改革的滞后。但我们的研究深入到了问题的更微观层面，揭示了"虚""实"经济收益率差异，以及"虚""实"经济分离发展背后的真正原因，即由于虚拟经济和实体经济分工发展的不协调，我国上市公司终极控制人有从实体经济主体向虚拟经济主体变迁的趋势，这在一定程度上导致了虚拟经济和实体经济的分离，阻碍了整个国民经济的健康发展，冯金华（2019）认为，实体经济与虚拟经济的协同发展是推动我国经济高质量发展的必要条件，然而虚拟经济发展要么"过热"，导致经济社会出现"脱实向虚"现象，要么发展"不足"，致使经济社会的资源得不到有效配置，因此规范上市公司的监督与管理特别是对企业终极控制人等方面的监管是一件解决经济社会问题的重要措施。另外，通过对两类终极控制人的机会主义行为的比较分析发现，虚拟终极控制人通过金字塔持股造成上市公司终极控制权和所有权的偏离，使中国的虚拟经济主体俘获了实体经济，导致上市公司投资异化和资本结构扭曲，使公司投资过度（营销领域）和投资不足（研发领域）问题并存，这进一步导致为实体经济服务的虚拟经济活动的不足，从而导致虚拟经济和实体经济进一步分离；而对于实体终极控制人而言，尽管他们也通过金字塔结构把持着上市公司，但他们主要通过参与企业的实体运营来攫取控制权私利，加之这类经济主体作为上市公司的控股股东依然处在经济分工的适度范围之内，其机会主义行为导致虚拟经济和实体经济分离的可能性不大。

中国经济面临"虚""实"经济因过度分工而分离发展的问题，两类经济之间的收益率发生了明显背离。虚拟经济在整个经济中占据了首要位置，并摒弃了为实体经济服务的本质初衷，二者之间的主副关系发生了根本性颠覆，发展虚拟经济成为各经济主体的首要追求，发展实体经济成为虚拟经济扩张膨胀的噱头，实体经济要想得到有效发展需要依附于虚拟经济。在这种背景下，如何治理"虚""实"经济的分离发展成为我们面临的一个重要课题。

随着经济的发展和运行方式的演化，实体经济主体和虚拟经济主体的分工在不断扩大，二者已经出现分工过度的趋势，这也导致上市公司终极控制人逐渐从"实"向"虚"的属性转变。由于两类终极控制人之间目标、动机、偏好和经济属性的差异，虚拟终极控制人会通过各种（虚拟）经济手段控制实体经济，使上市公司终极控制人的投机化机会主义行为越发严重，中小股东的利益受到严重侵蚀，对整个国家的宏观经济稳定产生明显的负面冲击。通过对两类终极控制人的机会主义行为的比较分析，我们发现虚拟终极人通过金字塔持股造成所有权和控制权分离，导致上市公司投资异化、营销激进和创新乏力，使虚拟经济偏离为实体经济服务的初衷，造成虚拟经济和实体经济分离发展；而实体终极控制人尽管也通过金字塔结构把持着上市公司，但他们主要是通过参与企业的实体运营来攫取控制权私利，加之这类经济主体作为上市公司的终极控制人依然处在经济分工的适度范围之内，其机会主义行为导致"虚""实"经济分离的可能性不大。这就要求相关部门完善、加强对上市公司经济分工、公司治理、金融监管、金融创新等领域的工作，扭转这种本末倒置的态势，恢复实体经济的核心地位。具体来说，可以从以下四个方面对"虚""实"经济的分离进行治理：

首先，禁止极端趋利的虚拟经济主体成为上市公司的终极控制人，降低虚拟经济主体和实体经济主体的过度分工趋势，避免虚拟经济主体通过金字塔持股结构过度把持实体经济。对于那些已经成为终极控制人的虚拟经济主体，应予以重点监管，遏制其通过关联交易、虚假信息、内幕交易等方式掏空上市公司，从而在上市公司层面降低虚拟经济收益率，提高实体经济投资收益率，扭转虚拟经济和实体经济收益率的背离。另外，要鼓励实体经济主体参与上市公司的最终控股，利用低层级金字塔结构或者通过直接控股方式掌控上市公司，这样有利于终极控制人对上市公司在实体经济领域的经济支持，减少终极控制人通过虚拟经济手段掏空上市公司。

其次，中国上市公司的终极控制主体绝大部分都没有上市（赵宇华，2009），无法得到有效的监管。从改善公司治理的角度来看，应该鼓励上市公司通过反向收购等手段实现其与终极控制人整体上市，从而剥离虚拟经济主体把控实体企业的金字塔组织，遏制虚拟终极控制人对控制权私利的攫取。另外，应制定法律法规限制金字塔持股结构控制链条数以及控制层级，从而降低终极股东的掏空行为（朱雅琴等，2012），终极控制人作为理性经济人，为追求自身最大的效用水平，会倾向于做出个人财富最大化的财务决策而损害中小股东利益，影响企业股利政策的公平性（徐硕景，2020）。要加强其他大股东制衡虚拟终极控制人的治理机制，通过对虚拟终极控制人形成较为有效的监督，降低第二类代理问题所引致的代理成本，推动上市公司发展品牌、专利、技术标准、营销手段和销售网络等能够真正为实体经济服务的虚拟经济活动的发展，促进"虚""实"经济的耦合。

再次，加大对虚拟终极控制主体的监管力度，监管其过度偏好于虚拟经济活动的机会主义行为，遏制上市公司过度参与虚拟经济活动的趋势。通过财政补贴等手段引导各经济主体参与实体经济活动，通过税收政策抑制各经济主体投资虚拟经济活动，这不仅可以保护中小股东的利益，而且也可以为国家"虚""实"经济的耦合发展提供治理机制支撑。

最后，应继续坚持虚拟经济和金融创新为实体经济服务的初衷，深刻认识实体经济部门的内生性金融需求，遏制上市公司单纯针对虚拟经济活动的过度金融创新，特别是要遏制上市公司通过各种虚拟经济创新从事房地产业务而放弃自身主营业务的行为。要鼓励上市公司针对服务于实体经济活动的虚拟活动进行大力创新，特别是在技术创新和转型升级领域，出台相关政策有效鼓励上市公司针对为实体经济活动服务的虚拟经济业务进行开创性探索，为上市公司实体经济业务的发展注入新的活力。

| 第三章 |

虚拟经济泡沫的测度与资本脱实向虚的行为特征
——以房地产为例

第一节　中国房地产泡沫的测度

一、房地产泡沫的产生与缘起

　　房地产泡沫是指由房地产投机等因素引起房地产商品市场价格严重偏离市场基础决定的合理价格并且持续上涨而造成的房地产经济虚假繁荣现象。这种价格上涨虽然在一定程度上有效拉动了经济增长，但这种增长往往难以长期维持，上升到一定程度将会如同泡沫一般最终破灭。房地产泡沫作为中国虚拟经济泡沫中最典型的经济泡沫之一，对中国经济发展产生了深远的影响。经过十多年的发展，中国房地产业发展迅速，房价一路高涨。全国住宅平均价从 2010 年到 2020 年由每平方米 4725 元涨至 9980 元，全国房地产住宅投资总额从 48259 亿元增长到 141443 亿元，以北京、上海、深圳为首的一线城市房价更是呈现爆炸式增长，许多楼盘每平方米房价均价超过 10 万元，达到了许多普通居民和企业难以接受的程度。房价的高涨一方面导致国家经济结构发展的不平衡，致使各大小房地产企业大量地向银行借贷周转资金，大量的资金涌入房地产行业，而其他有需要的中小企业难以获得生产发展的资金，其结果就是房地产业繁荣，服务业和制造业萎缩，即国家的经济结构出现了产业空心化；另一方面在房价陡然上升的情况下土地价格也会因此而攀升，大大提高房地产开发商建造房屋的成本，缩短建设周期，许多开发商会因此偷工减料，形成一些"豆腐渣工程"，造成安全隐患。此外，房地产泡沫还容易引发金融危机，因为我国居民主要通过按揭贷款买房，房地产开发商也通过银行贷款，而房地产泡沫一旦破碎，银行等金融信贷系统也会随之崩溃，从而引发全社会性的金融危机，如20世纪90年代的日本房地产泡沫破裂导致的经济破灭，至今尚未恢复过来。

为了应对房地产泡沫，我国政府采取宏观手段调控房地产业。从1993年起，政府开始控制房地产投资的规模，但到了1998年房地产业却依然非常繁荣，房价一路上涨。2004年之后，政府出台了各项政策调控房价，但房价不降反升，直到2008年全球金融危机的爆发，才让房价稍稍回调。2009年下半年，房价开始急速上涨。2016年上半年开始，房价又开始了新一轮的上涨。2018年在中央政治局会议提出坚决遏制房价上涨，同样在2020年中央政治局会议上继续指出要坚持房子是用来住的、不是用来炒的定位，促进房地产市场平稳健康发展。衡量房地产泡沫的指标有哪些？对中国经济有何危害？下文的研究将回答这些问题，以期凸显中国虚拟经济发展的现状与问题。

二、测度方法与指标选择

（一）测度方法

本研究采用指数合成法测度中国大中型城市房地产泡沫化程度，主要指标有：房地产开发投资额占总固定资产投资额的比重、房地产开发贷款占银行贷款总额比重、房价收入比、房地产投资增长率与GDP增长率之比和房屋租售比等。本研究的基本思路是：首先，确定各个指标的临界值；其次，将各项指数进行无量纲化处理，即用各个指标数的实际值比其临界值，得到的百分数表示的是该指数的抽象值；再次，根据在指数体系中各个单项指数的重要程度，赋予它们不同的权重；最后，根据式（3-1），计算出所要的综合指数。

$$B = \sum_{i=1}^{n} \frac{F_i}{C_i} W_i, \quad W_1 + W_2 + \cdots + W_i = 1 \qquad (3-1)$$

（二）房地产泡沫测度的基本指标

本研究选取房价收入比、房屋租售比、房地产投资增长率与 GDP 增长率之比三个指标，在分析各个主要指标的基础上对房地产泡沫进行了全面综合的评价。

1. 房价收入比

房价收入比是衡量房地产是否存在泡沫的基本指标之一，是指城市住房价格与当地城市居民年收入之比。按照国际标准，合理的房价收入比的取值范围一般为 3~6。本研究引入房价收入比这个指标来测度我国房地产价格合理水平。如图 3-1 所示，深圳的房价收入比是呼和浩特的 4 倍，一线城市的房价收入比均在 10 以上，绝大部分的二线城市房价收入比在 6 以上。经济发达的一线城市产业发展好，人口吸引力强，外来常住人口多，因此购房需求大，房价也较高。2021 年全国 35 个大中城市房价收入比平均值为 14.99，相对于房价而言，收入还是偏低。从上述数据可以看出，2021 年我国房地产市场已经存在一定的泡沫，其他发展比较快的沿海城市泡沫更加严重。

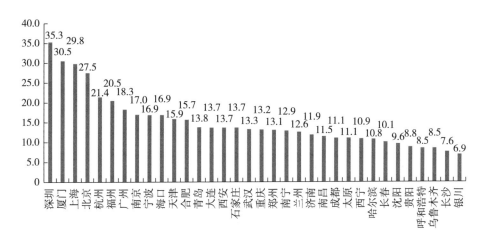

图 3-1　2021 年全国 35 个大中城市房价收入比排名

资料来源：上海易居房地产研究院。

2. 房屋租售比

房屋租售比是每平方米使用面积的月租金与每平方米建筑面积房价之间

的比值。根据经济发达国家房地产市场的一般规律，在正常的房地产市场中，售价与租金之间存在一个较为合理的比例关系，国际上将衡量一个区域房产运行状况良好的租售比界定为1：200~1：300。如果租售比高于1：300，说明需要300个月以上才能收回购房成本，这意味着房产投资价值相对变小，这些房地产存在一定的泡沫，投资房地产会有一定风险；如果低于1：200，表明这一区域房产租金回报率较高，有比较大的投资潜力，后市看好。租售比很好地解决了房市供求关系的干扰，可以通过房屋租售比判断房地产有无炒作价值。如表3-1所示，31个省会城市的平均租售比为1：532，其中有30个城市的房屋租售比在1：300以上，可见全国大中城市大部分存在房地产泡沫。

表3-1　全国31个省会城市房屋租售比（2021年3月）

排名	城市	房价（元/平方米）	月平均租金（元/平方米）	住房租售比
1	福州	26566	38；58	688.5951
2	北京	65262	84.77	769.8714168
3	上海	67628	93.85	720.5966969
4	南京	33659	45.75	735.7158474
5	天津	25610	33.62	761.748959
6	广州	42849	58.4	733.715753
7	石家庄	14633	21.02	696.1465271
8	杭州	36770	53.28	690.127627
9	济南	16314	26.72	610.5538922
10	南昌	13129	28	468.8929571
11	合肥	18151	28	648.25
12	武汉	19494	30.91	630.669686
13	太原	11828	21.1	560.5687204
14	乌鲁木齐	8788	25.67	342.34515
15	郑州	14385	24.45	588.3435583
16	成都	18430	32.26	571.295722

续表

排名	城市	房价（元/平方米）	月平均租金（元/平方米）	住房租售比
17	沈阳	12056	25.57	471.490027
18	昆明	14226	40.83	348.4202792
19	呼和浩特	11816	23	513.7391304
20	重庆	12921	27.77	465.2862802
21	拉萨	11573	29.16	396.8792867
22	兰州	13414	29.67	452.1065049
23	西安	16665	27.91	597.0978144
24	银川	7066	21.07	335.3583294
25	长春	10123	27	374.9259259
26	海口	16248	37.67	431.3246615
27	长沙	11715	24	488.125
28	南宁	13948	41.78	333.8439445
29	西宁	11075	28	395.5357143
30	贵阳	9483	24.66	384.5498783
31	哈尔滨	10473	35.98	291.0783769

资料来源：中国房地产信息网。

3. 房地产投资增长率与 GDP 增长率的比值

房地产投资增长率与 GDP 增长率的比值通常是反映房地产业是否景气的标准，通过这个指标可以从一定程度上反映出房地产的潜在购买力和整个宏观经济的承受能力。在一定的经济总量下，宏观经济对投资的承载能力和公众的购买潜力是有限的。当房地产市场需求无法有效拖动供给时，房屋空置率就会增加，开发商本身投入了高额的土地成本，为了维持其利润，就会推波助澜、暗箱操作，不断提高房地产的价格，维持市场房价不断上涨的预期。因此，在房地产投资高速增长期，开发商推动房屋价格泡沫的动力是最强的，房地产投资增长率与 GDP 增长率的比值越高，说明存在泡沫的可能性越大。本研究将 1.3 作为该指数的临界点。

三、全国大中城市房地产泡沫程度测度

式（3-1）中，B 表示应用指数合成法计算得出的综合指数值（在本研究中即为房地产泡沫综合指数），F_i 表示某单项指数的实际值（在本研究中即为各房地产泡沫指标的实际计算值），C_i 表示某单项指标的临界值（在本研究中即为各房地产泡沫指数的临界值），W_i 表示各单项指数权重，n 表示指数合成中所涉及的指数个数。当房地产泡沫综合指数小于 1 时，表明房地产市场中不存在泡沫成分；当房地产泡沫综合指数大于 1 时，表明房地产市场开始出现泡沫，数值越大，泡沫的程度越严重。从表 3-2 中可以看出，全国 30 个省会城市（拉萨和港澳台地区除外）中有 6 个城市不存在房地产泡沫，9 个城市存在严重房地产泡沫，其余 15 个城市存在轻度和中度房地产泡沫。其中海口的综合泡沫程度最高，达到了 2.39，其次是上海和郑州，达到了 1.77。即全国大部分省会城市存在房地产泡沫，其中一线城市的泡沫综合程度普遍高于二线城市。

表 3-2　2015 年全国 30 个省会城市房地产泡沫综合指数

城市	房地产投资增长率/GDP 增长率	房价收入比	房屋租售比	房地产泡沫综合指数 B
泡沫临界值	1.3	6	0.0033	1
权重	0.42	0.46	0.1200	1
海口	4.64	9.9	0.0036	2.39
上海	2.39	12.1	0.0019	1.77
郑州	3.20	8.1	0.0031	1.77
福州	2.62	10.3	0.0017	1.69
杭州	2.00	12.2	0.0023	1.67
昆明	3.17	6.5	0.0032	1.64
北京	1.36	14.5	0.0017	1.61
太原	1.96	9.1	0.0030	1.44

续表

城市	房地产投资增长率/ GDP 增长率	房价收入比	房屋租售比	房地产泡沫综合 指数 B
呼和浩特	2.98	4.3	0.0033	1.41
武汉	2.10	7.9	0.0029	1.39
兰州	1.70	8.7	0.0034	1.34
广州	1.27	10.9	0.0022	1.32
西安	2.15	6.4	0.0034	1.31
乌鲁木齐	1.51	9.2	0.0031	1.30
南昌	1.68	8.3	0.0026	1.27
银川	2.00	6.2	0.0034	1.24
合肥	1.83	7.1	0.0027	1.23
西宁	1.57	7.4	0.0040	1.22
南宁	1.44	8.1	0.0036	1.22
天津	1.40	8.4	0.0021	1.17
重庆	1.63	6.8	0.0034	1.17
沈阳	1.41	6.8	0.0032	1.09
哈尔滨	0.98	7.6	0.0045	1.06
成都	1.15	7.3	0.0031	1.05
南京	0.62	9.1	0.0020	0.97
石家庄	1.20	6.4	0.0023	0.96
长沙	0.99	5.6	0.0036	0.88
济南	0.91	6.4	0.0025	0.87
贵阳	0.53	6	0.0042	0.78
长春	-0.70	7.3	0.0035	0.46

注：$B<1$ 表示没有泡沫，$1<B<1.2$ 表示轻度泡沫，$1.2<B<1.4$ 表示中度泡沫，$B>1.4$ 表示严重泡沫。

资料来源：中国各市统计年鉴。

综上所述，我国房地产业已经存在严重的房地产泡沫，然而房地产作为中国经济的支柱产业，其中存在泡沫，会给中国的经济安全埋下非常大的隐患。如果任由房地产泡沫破灭，那么我国会像八九十年代的日本一样，出现全国性的金融危机，经济出现负增长，严重的话会出现长达二三十年的经济发展停滞。那么我国房地产泡沫已经严重到需要挤出的地步了吗？答案是肯定的。主要原因有：一是普通百姓已经承受不起高额的房价，房屋成交量大量减少；二是已经有部分中小型房企的资金链面临断裂，房屋成交量的大量减少导致中小型房企的资金周转困难；三是房地产泡沫继续发酵会引起更多房企的资金链断裂，将间接导致银行出现大量坏账，从而引发全国性金融危机，所以现阶段我们挤出房地产泡沫刻不容缓。

第二节　房价高企、流动性紧缩与实体企业融资困境

一、房价高企与虚拟经济泡沫风险

房地产业具备产业关联度高、带动作用强的特点，是国民经济增长的重要动力源，也是国民经济的重要组成部分。但房地产业过度繁荣势必会破坏房地产业与其他产业间的比例均衡关系，致使宏观经济短期内失衡增长、透支经济增长潜力，为宏观经济稳定增长埋下隐患。我国房地产业在过去十几年间迅速发展起来，2007年在宏观经济过热的大环境下，房地产价格水平出现阶段性高点，后来受2008年美国次贷危机影响小幅回落。随后为应对经济"硬着陆"风险，稳定经济增速，减少金融危机对我国的负面影响，2009年中央政府又推出两年四万亿元的投资刺激计划，广义货币供应量M2规模的超常扩张刺激了房地产投资，致使全国房价爆发式增长。2010年全国房地产平均价格环比涨幅达113%，期间尽管政府先后出台各项政策对房地产业进行调控，但收效甚微，一二线城市房价仍表现出温和上涨，基本上维持着房价高企局面。

房地产的过度投资导致的泡沫现象一直是经济危机的重要诱因。如 20 世纪 80 年代，日本房地产泡沫的幻灭致使国民经济陷入长期萧条中；虽然 1997 年东南亚金融危机的成因复杂，但房地产市场的过度投资导致的资产价格扭曲、资源配置失衡是造成银行资金链断裂的主要因素；2007 年美国次贷危机爆发也是由于房地产泡沫破灭致使不良资产增加，银行流动性紧缩，股票市场价格动荡最终不稳定性增加，殃及全球金融市场。可见，房地产过度投资吸收了大量的流动性资金，不但增加了银行信贷风险，资源的错配也使实体经济体系货币资金流动性相对紧缩，融资难度加大，而资产价格的快速上升得不到实业的支撑，就会增大泡沫破灭的可能。

近年来，我国经济发展进入新常态后，出现经济增长动力与经济下行压力并存的复杂情况，经济增速也相应放缓，自 2019 年 7 月起，全国工业生产者出厂价格（PPI）同比连续 17 个月出现下滑，实体经济趋于疲软。新冠肺炎疫情对 PPI 的影响正在逐步显现。需求较弱导致 PPI 同比和环比均明显下降，这种情况出现的主要影响因素在于，新型冠状病毒传染性较强，各地尤其是疫情严重地区复工复产延后，并且上游企业库存较高，复工复产率总体高于中下游企业，在总体需求较弱的情况下中下游企业需求更弱。与此同时，国际原油市场价格下降影响国内石油相关行业价格等，也是重要的影响因素。2020 年中国人民银行（以下简称央行）多次降准降息，旨在保持银行体系流动性合理充裕，对于信贷发放和成本降低都有利好，最后活跃货币市场和资本市场，引导国民经济平稳增长。然而，此举能否缓解企业融资困境达到调控的预期还有待考证。

综观近十几年来宏观环境的变化：我国经济发展处于传统动力弱化与新动力培育的调整期，内部存在经济下行和转型升级的双重压力，外部面临的风险挑战明显增多，中美贸易摩擦持续升级，疫情冲击巨大。房地产业过度繁荣，实体经济趋于疲软，货币流动性由总量过剩转向相对紧缩，实体经济融资困难是经济下行压力突出的特点。当前，我国正面临经济转型的关键时期，深入分析房价高企、流动性紧缩与实体企业融资困境之间的关联性具有重大的理论和现实意义。一方面，投资房地产业不仅使投资者吸收了大量现金流，往往也因投资的长期性导致资金空转，致使实体企业可用资金相对紧缩，融资难度加剧，通过一系列机制的深入研究，可以改善实体企业融资困境，促进资源优化配置。另一方面，房价高企易诱发泡沫经济，危害国民经济的健康发展。因此，在经济转型的形势下，研究房价高企、流动性紧缩与实体企业融资困境的相关性对处理好虚拟经济与实体经济之间的关系具有深远的意义。

二、理论基础与研究假设

（一）房价高企与流动性的关系

房地产行业主要的融资渠道是国内贷款、外商投资、自筹资金、其他资金等，其中大部分源于商业银行贷款的国内贷款比重最大。从现状来看，房价上涨致使房地产市场形成了一个资产池，吸收了市场中大部分的流动性资产。在房价高企的局面下，银行对房地产行业的贷款规模日益扩大，投入房地产行业的贷款一方面对银行自身流动性水平造成压力，降低银行稳定性的同时引起流动性风险的可能；另一方面房地产行业资金需求得以满足促进了房市发展，又进一步推动房价上涨。关于两者关系的理论和实证分析，栗亮（2011）从经济学的角度分析了两者的特征，提出房地产价格与货币供应量间存在相关性的观点，接着以1990~2009年我国货币供应量增长率和房屋销售价格增长率等变量，建立误差修正模型，通过EG两步法和格兰杰因果检验方法对模型进行分析，结论显示：货币供应量在短期内对房价起正向作用，但在长期内对商品房价格的影响较微弱；林娟（2008）则通过生产要素理论分析指出，流动性过剩是房地产市场价格持续快速上涨的本质动因。郑宁（2018）在研究国内外研究现状的基础上采集1999~2017年省级面板数据，构建静态和动态面板模型，用总样本和区域样本数据实证检验了货币供给量变动对房地产价格的影响。结果表明：货币供给量对房地产价格产生正向影响且显著。王睿（2019）则从时变分析视角出发，采用拔靴分样本滚动窗口因果检验方法，实证结果表明：一方面，与理论上货币政策不应对房价波动有所反应的调控理念一致，实证分析发现货币供应量对房价的影响效应较弱；另一方面，房价上涨对货币供应量产生了显著的正向影响。因此，房地产市场价格与流动性之间的影响是双向显著的，两者间存在相互的作用机制。

房地产价格对商业银行流动性的影响主要体现在：房价高企，房地产行业盈利增加促使行业内业务扩展，进而增加对资金的需求，商业银行的资金更多地流入房地产行业以追求更高的收益；房价下跌，固定资产账面价值缩水致使房地产企业资产负债状况恶化，同时部分抵押贷款的标的物价值下降，与此相关的系列影响致使银行收缩信贷规模或谨慎放贷，房地产贷款规模相对紧缩。因此，房地产价格波动会对流动性变动产生相应影响。

银行流动性对房地产价格的影响可以从供给与需求两方面解释。供给：即从开发商角度，商业银行作为主要的资金供体，给予房地产行业资金支持；需求：即从购房者角度，商业银行以商业性贷款、公积金个人住房贷款、抵押贷款等方式为满足要求的居民个人提供资金支持。商业银行信贷规模随流动性的变化而改变，直接影响到房地产的开发与销售，进而影响房地产价格。

（二）房价高企与实体经济融资的关系

在房价高企的局面下往往伴随着通货膨胀率的上升，房地产价格的上涨会导致总体物价水平的上升，对于有需求的购房者来说这意味着将会有更强烈的储蓄意向，以实现购房的目的。居民在一定的收入水平下减少开支，增加储蓄，这种储蓄效应有利于银行对流动资金的吸收进而扩充信贷促进国民经济增长，推动各行业的发展。

当人们对经济增长前景的普遍乐观同时反映在对房地产行业的发展中时，这种乐观的预期会导致多数投资者对房地产行业具有偏好。当流动性供给丰富且利率水平较低时，投资者会倾向于把投资集中于那些流动性更差风险也更高的项目上，这种行为不但吸引了一部分大型企业将资金投入房地产范畴，成为银行表外业务的主要参与者，此外，因为资金未经过银行信贷进入实体经济，通过一系列加杠杆的金融运作后在银行体系内循环往复，使本应进入实体经济范畴的资金滞留在金融领域，形成资金的"空转"。房地产作为合适的抵押物的优势满足了银行偏好短期回报、厌恶短期风险的意愿，最终使得融资结构单一的中小型企业陷入了融资困境，难以通过银行渠道满足资金需求，进而发展受到限制。这将使银行扩大住房抵押贷款，从而使流动性风险加剧，推动房地产价格持续上涨形成泡沫的同时削减了实体经济可获得的融资数量。这样一来严重损害了房地产行业与实体企业间的均衡发展和资源配置。

(三) 房价高企、流动性紧缩与实体经济融资的互动

房地产行业属于资金密集型行业，供需两方面在很大程度上依赖银行贷款的支持，是吸收银行流动性过剩的主要载体。从理论上看，在流动性过剩时期，企业流动资金充裕，融资环境本应得到改善，但现实中却并非如此。张晓玫 (2013)、耿同劲 (2014) 在对货币空转的研究中指出，银行对流动性的滥用是出现资源错配、致使整体经济生产效率降低的本质原因，银行系统信贷约束的相对宽松，使低效的项目和企业也可能获得资金支持；此外，投资规模迅速扩张推动了对劳动力和资源的需要，使得工资和生产资料价格上涨，企业生产成本被抬高，压力增大导致企业盈利能力减弱，因此实体企业融资情况不一定得到较大改善。耿同劲 (2017) 又指出，货币资本虽然最终转化为产业资本，实现了价值增值并以增值的货币形式回流到金融体系，但其转化的链条被拉长，特别是需要经过由多种类型的影子银行组成的影子银行体系才能最终注入实体经济。市场分割使得处在完美市场中的金融主体凭借信息优势通过提供金融产品的负债边就可以获得流动性溢价收益，由此导致大量流动性各异的金融产品在金融体系内部交易，形成货币空转，货币空转对以制造业为代表的实体经济有较大的危害。相反，在流动性紧缩时期，银行对宏观经济运行状况的心理预期下降，从风险控制角度出发，银行紧缩信贷规模致使企业融资难度增加。所以，一旦银行发生流动性过剩，就很容易被房地产领域吸收，从而推动投资，投机性需求导致房价上涨过热，随着供需结构失衡致使房价进一步上涨，投机者收益增加再一次推动投机性需求，资产价格被抬高，房价在流动性过剩的推动下最终形成高企局面，甚至产生房地产泡沫。这一现象主要表现为虚拟经济膨胀与房地产价格的上涨引发的资产价格泡沫化，而以美国次贷危机爆发为导火索的房地产价格泡沫幻灭、股市价格深度调整招致资产价格下跌，通过负向财富效应影响居民消费，最终影响美国实体经济，并且在全球流动性变化特别是美国的流动性变化严重影响了我国实体经济。

在经济上升期和流动性过剩的条件下，最先受益的是劳动密集型和资源密集型行业，而后才是资本密集型行业。因为劳动力工资上升或人口红利的完结，经济衰退期首先遭受冲击的也可能是劳动密集型和资源密集型行业，而后是对信贷融资依赖性较强的行业，受信贷紧缩的影响，再逐渐

扩散至其余行业。随着人民币对外升值，我国出现了较为严重的流动性过剩，不少商业银行受到了较为严重的流动性冲击，暴露了流动性"结构性"不足的问题。同时，国内宏观经济饱受下行压力，经济增速回归常态，随着宏观经济走势及央行调控的转向，流动性逐渐由过剩向趋紧转变。国内资金成本表现出显著变化，经济主体融资方式发生根本性调整，流动资金受宏观经济状况、投资者偏好等因素影响，从实体经济中流出，投向虚拟经济间自我循环，进而导致实体经济融资难度加大，股票价格逆周期波动增强了市场对流动性的吸收，甚至出现"流动性陷阱"现象，宏观经济增长的稳定性被削弱，使得实体经济和虚拟经济间矛盾锐化。据此，本书提出以下假设：

假设 3-1： 在流动性总量不变的情况下，实体企业融资状况可能由于房价高企达到更高程度而恶化，并且出现房地产泡沫时该种负面影响更大。

假设 3-2： 在贷款利率不变的情况下，相较于金融资产与实物资产，过剩的流动性带来的财富效应在前者中的作用更大。

假设 3-3： 在扩大投资、增加流动性供给时，实体企业融资状况能够得到好转并且实体企业的发展有助于减缓房地产价格上涨。

假设 3-4： 在社会融资总规模一定的情况下，房地产行业依靠金融杠杆的支撑形成一定程度上的房价虚高时，会强化银行贷款意愿进而推动房价上涨。

三、实证分析

（一）变量选取及描述性统计

本研究的因变量、自变量分别选取：全国省际面板房地产平均销售价格、社会融资总规模以及货币供应量 M2。在以往的研究中，一些学者从会计学角度以企业资产负债数据作为衡量实体企业融资情况的指标，而本研究选取的社会融资规模是指一定时期内实体经济从金融体系获得的资金总额，是一个增量概念，更适合本研究的实际情况，控制央行贷款利率与工业品出厂价格指数。由于部分变量数据的缺失，为保证数据的一致性和完整性，实证样本区间定为 2004~2014 年，年度数据主要来源于《中国房地产统计年鉴》、国家统计局数据库等；为消除异方差影响同时使经济变量更具弹性含义，对原始数据进行了自然对数处理，取对数后各数据性质和关系不变。原始数据描述性分析结果如表3-3所示。

表3-3 房价高企的主要变量描述性统计

变量	均值	中值	最大值	最小值	标准差
房地产价格	4433.88	3719.00	18833.00	1325.00	3030.63
货币供应量	661251.40	610224.50	1228375.00	254107.00	340399.90
社会融资规模	103086.50	128286.00	173169.00	28629.00	57031.36
央行贷款利率	6.96	6.80	8.80	5.94	0.73
工业生产者出厂价格指数	102.15	103.10	106.90	94.60	4.44

资料来源：根据国家统计局编制的《中国房地产统计年鉴》整理而成。

（二）模型构建

面板数据模型简化为如下形式：

$$Y_{it} = \alpha + X_{it}\beta + \mu_{it} \quad t = 1, 2, \cdots, T; \; i = 1, 2, \cdots, N$$

在该模型当中，Y_{it} 是 $T \times 1$ 维，是以 LnHP 表示的被解释变量向量，X_{it} 是以 LnSFS 及 Ln$M2$ 表示的 $T \times T_k$ 维分块对角矩阵的解释变量。假设在个体成员上既无个体影响也没有结构变化，即对于各个体方程，截距项 α 和 $k \times l$ 维系数向量 β 都相同。对于本模型，将其个体成员的时间序列数据堆砌在一起作为样本数据，所以，本研究利用普通最小二乘法可求出参数 α 和 β 的一致有效估计。

（三）实证检验

1. 单位根检验

单位根检验可以作为模型合理性的检验标准，大部分情况下，面板序列数据是非平稳的，为避免伪回归结果，确保参数估计的有效性，本研究将对上述数据进行单位根检验，结果如表3-4所示，在水平值条件下，有一项检验未通过，无法拒绝序列是非平稳的原假设，进而进行一阶差分处理后通过5%置信水平下的检验，因此有理由拒绝原假设，研究结果表明，各变量经一阶差分后变为平稳，是一阶单整序列。

表 3-4　单位根检验结果

水平值			
方法	标准差	概率	截面
Null：Unit root（assumes common unit root process）			
方法	标准差	概率	界面
Levin，Lin & Chut*	−7.992029829	0	33
Null：Unit root（assumes individual unit root process）			
ADF 检验	78.08852555	0.1466	33
PP 检验	141.5466397	0	33
一阶差分值			
方法	标准差	概率	截面
Null：Unit root（assumes common unit root process）			
Levin，Lin & Chut*	−11.7033567	0	33
Null：Unit root（assumes individual unit root process）			
ADF 检验	157.3436955	0	33
PP 检验	180.5514626	0	33

2. 协整检验

由单位根检验已知各变量均为一阶单整序列，符合协整检验前提条件，在格兰杰和恩格尔提出的协整检验基础上，采用佩德罗尼协整检验法对上述变量进行协整检验，该方法相较于其他方法的优点在于允许异质面板序列的存在，在滞后一期的情况下，控制变量贷款利率未通过检验，去除后，重新进行检验，ADF 统计量 p 值均小于 0.05，支持协整关系存在，即可以认为房地产价格与货币供应量和社会融资规模之间应存在某种长期稳定的均衡关系，如表 3-5 所示。

表 3-5　协整关系检验

原假设：不存在协整关系				
滞后期数：1 期				
备择假设：普通 AR 系数	标准差	概率	加权标准差	概率
Panel v-Statistic	0.574246	0.3383	-0.867495	0.2738
Panel rho-Statistic	-0.475361	0.3563	0.318713	0.3792
Panel PP-Statistic	-9.00999	0	-8.826812	0
Panel ADF-Statistic	-6.413459	0	-6.821743	0
备择假设：独立 AR 系数	标准差	概率		
Group rho-Statistic	2.641155	0.0122		
Group PP-Statistic	-9.245933	0		
Group ADF-Statistic	-5.372655	0		

3. 回归分析

进行回归分析前，要确定回归模型影响形式。首先建立随机效应回归，设定原假设：应建立随机效应模型，通过 Hausman 检验得出的 p 值结果大于 0.05，接受原假设，同时根据 F 检验结果，确定模型设定为随机模型（3-2），回归结果如表 3-6 所示。

$$\text{Ln}HP_{it} = 0.630023\text{Ln}M2 - 0.03414\text{Ln}SFS + 0.224464 \qquad (3-2)$$

表 3-6　回归分析结果

变量	系数	标准差	t 统计量	概率
C	0.224464	0.35886	0.625493	0.0211
$M2$	0.630023	0.154635	4.074265	0.0001
SFS	-0.03414	0.121272	0.281514	0.0441
PPI	0.02142	0.214852	0.545465	0.0522
拟合优度	0.9716005	总体平方和	11.15653	
调整拟合优度	0.972549	对数似然函数值	99.22759	
残差平方和	0.18168	F 统计量	120.3859	

从回归分析结果来看，均通过了5%显著性水平的检验，在不考虑其他因素的影响下，货币供应量与房地产平均销售价格间回归系数为正，说明流动性对房价具有正向影响，流动性越充分，银行可贷资金越充足，越容易满足房地产行业的资金需求，促进其发展规模的扩大；房地产平均销售价格与社会融资规模间呈负相关，可以认为：在其他影响因素不变的情况下，房价上涨将缩减社会融资规模，也就是说实体经济从金融体系获得的资金减少，融资难度加剧。从企业的规模来看，大型企业融资渠道多，影响不一定明显，而中小型企业资金来源渠道单一，因此，这类企业的融资情况势必会受到负面影响。

四、主要结论

根据前文的理论分析和实证检验可以得出以下结论：

（1）房地产价格与流动性具有正相关性，房地产行业受益于流动性规模扩大。从短期来看，流动性规模扩大意味着银行拥有充分的可贷资金，在逐利行为的驱使下，银行更愿意将资金投入房地产行业谋取高额利润，房地产行业因此得以快速发展，同时也带动了原材料加工、家居等行业的发展，对经济起到一定的促进作用；从长期来看，大规模信贷资金流入房地产市场，推动了房价的上涨，房价在一定程度的高位上是合理、健康的，表明房地产业发展良好，而支撑产业良好发展的关键是商业银行的资金支持，商业银行选择房地产业投资的理由是行业的盈利能力强，信贷安全性较高。但长期过程中在房价持续上涨突破合理、健康的水平时就意味着资产价格的膨胀，此时房价虚高一旦产生泡沫并破裂，大量在房地产业空转的流动性资金将无法收回，严重时甚至会威胁到宏观经济的健康运行。

（2）房地产价格高企不利于实体经济发展。一方面，从成本角度来看，房价高企必然导致整体物价水平的上升，生产资料、劳动力价格的上涨，这样间接抬高了实体企业经营成本，实体企业盈利能力被削弱，难以受到投资者青睐；另一方面，从实体企业角度来说具体表现为：房价高企局面所引起的房地产投资、投机过热致使资源配置失衡，占用了原本应进入实体经济的资金，导致资源错误配置，首先恶化的就是中小型企业融资状况，流动性相对紧缩，银行审核放贷的门槛提高，由于缺少抵押物品，企业信用融资难度加剧。相反，实体企业融资情况的改善能够促进实体经济建设，同时对抑制房价上涨过快能起到一定效果。

第三节　城镇化、工业化与房地产价格波动

一、房地产价格的波动与城镇化建设

近年来，随着我国城镇化进程加快，住房供需矛盾锐化以及房价持续上涨，实体经济发展越来越面临不利的局面。2014 年在中国共产党第十八次全国代表大会上，国家出台了新型城镇化规划，明确表示通过城镇化、工业化、农业现代化发展实现优化城市产业结构、推动区域协调发展形成有力支撑的目标。在新一轮政策导向下，城镇化为房地产市场带来了机遇和挑战，一方面，城镇化建设速度加快促进了住房需求；另一方面，工业化程度提高，产业结构调整及投资规模扩大，产生更多就业机会的同时吸收了大批剩余劳动力，促进人口转移的同时又加剧了房市供需矛盾。不少地区的城镇化发展依靠房地产带动，缺乏相关产业支撑，这种做法易造成实体经济持续萎缩、虚拟经济发展过快的不利影响，进而导致房价虚高。房价过高后一旦出现大幅度下降，易引发房地产泡沫，给国家经济带来严重的负面影响。在推进城镇化建设与经济增速放缓的双重背景下，寻求实体经济与虚拟经济平衡的重要性不言而喻。越来越多的学者对城镇化与房地产价格的关系进行了研究，但得出的结论却不尽相同。任木荣和刘波（2009）认为，城镇化是造成房价过热的原因；而以马光远（2013）、刘成玉和段家芬（2013）为代表的学者则提出了相反的结论。城镇化对房价究竟具有何种影响？城镇化过程中是否存在其他相关因素作用于房价？基于以上疑问，本研究结合城镇化因素，试图从人口与经济发展水平角度，通过理论和实证探析城镇化、工业化与房价波动的互动关系。

二、理论基础与研究假设

(一) 城镇化与房地产价格波动

从表面上看,城镇化是一个人口转移的过程,城镇化率提高最直接的表现是农业人口数量减少,城市人口数量增加。城乡人口分布结构的变化,将直接影响到房地产市场的供给与需求,进而造成房价波动。谢福军和黄俊晖 (2013) 从供需层面通过实证指出,城镇化率提高能够带来房地产需求,促进房地产投资。而基于同一研究视角的马光远 (2013)、刘成玉和段家芬 (2013) 提出了相反的观点,认为城镇化不会推动房价高涨。从本质上看,城镇化是包括人口、产业、地域空间等在内的社会经济结构转变的过程。城市产业结构、经营活动方式的改变将为房地产业带来机会,况伟大 (2013) 认为,城镇化与房价间的确存在正向促进作用,但当房价虚高时又会对城镇化起到抑制作用,城镇化进程过快又容易导致房价飞涨和泡沫产生。陈瑶 (2021) 认为,房价对人口城镇化、经济城镇化与土地城镇化的正向影响作用显著,房价对人口城镇化的影响呈现倒 U 形,但房价对经济城镇化和土地城镇化的影响是线性的。

(二) 工业化与房地产价格波动

工业是国民经济发展的基础,是实体经济的主要构成部分,而虚拟经济与实体经济的互动关系,最终可以通过工业化程度与房价波动体现出来。实体经济与虚拟经济之间对市场中流动货币的吸收是此消彼长的,强化实体经济意味着相对缓减虚拟经济膨胀,控制投机风险,从而起到稳定房价的作用。张平 (2012) 表示,实体经济的创新发展和金融制度的完善健全是平抑虚拟经济膨胀最有效的方法。另外,从相对价格来看,工业化能够产生规模经济效果,吸收剩余劳动力解决就业问题,并能够带动地区经济发展,通过直接影响房价收入比间接影响房价波动。于守华 (2013) 通过 VAR 模型分析指出,工业化水平提高对房价波动具有显著影响,但当工业化水平达到一定程度时,显著性将降低。而邵挺和范剑勇 (2010) 以 Helpman-Hanson 模型,利用 1998~2008 年长三角地区 16 个城市的面板数据进行计量模型的参数估计发现,长三角地区大型城市房地产泡沫倾向及制造业丰富度欠缺,促使制造业从上海、南京、杭州等地向周边地区扩散，缺乏产业支撑易造成城市畸形发展。从工业化与房地产价格波动的关系可以发现，两者的关系是实体经济与虚拟经济寻求平衡发展的典型。刘建江等（2020）基于2003~2017年31个省（市）面板数据，运用系统 GMM 模型进行验证，结果显示：房价上涨对工业产出已由前期的以拉动作用为主转化为以抑制作用为主；分区域来看，中部地区受自身工业发展水平及宏观环境等因素影响，房价上涨对工业产出影响较显著，东部地区次之，西部地区因房价较低影响不显著；在不同的工业化水平下，房价上涨对工业产出影响存在门限值。

（三）城镇化、工业化与房地产价波动

许多学者研究了城镇化、工业化与房价波动的相互关系作用。国外学者库兹涅茨在刘易斯人口流动模式的基础上曾指出，城镇化对广大的工业企业产生集聚效应，而工业化的扩大产生了更多的劳动力需求，从而促进了人口流动即城镇化过程，其中住房供给制度与购买力水平又直接影响到房价，而居民可支配收入是衡量收入水平和生活水平的重要指标。中国社会科学院的研究认为，住房的真实需求是老百姓在居住层面上的最基础需求，主要受收入、人口流动、就业等基本因素影响，具有一定的刚性。因此，居民可支配收入提高的同时，增强了居民对房价的承受能力，扩大了需求人群的涵盖面，从而对房价造成影响。此外，国内学者于守华（2013）还提出，城镇化进程的加快和工业化程度的提高在带动住房需求的同时也加剧了住房供需矛盾，造成房地产市场的不稳定。刘洪涛（2020）认为，传统工业化正在失速，房地产与城镇化不能也不应混同。适时抓住信息化引致的传统工业化的转型机遇，是通向未来的必然选择，未来城镇化进程的竞争归根到底是品位的竞争。

三、实证分析

（一）数据来源及描述性统计

本研究使用的数据包括全国30个省、自治区和直辖市（不包括西藏和港澳台地区），样本区间为2005~2013年，数据主要来源于《中国房地产统计年鉴》、《中国统计年鉴》、各省统计年鉴及国家统计局数据。描述性分析结果

如表 3-7 所示。

表 3-7　主要变量描述性统计

变量名称	变量对数	观测值	均值	中值	最大值	最小值	标准差
房地产价格	LnHP	270	8.256	8.226	9.828	7.332	0.523
城镇化率	LnUR	270	3.889	3.866	4.495	3.291	0.263
失业率	LnUER	270	1.271	1.308	1.723	0.182	0.216
国内生产总值	LnGDP	270	9.109	9.214	11.038	6.298	0.948
第二产业增加值	LnSII	270	8.361	8.421	10.290	5.484	1.012
人均可支配收入	Ln$PCDI$	270	9.676	9.665	10.689	8.986	0.380

（二）模型构建

本研究选取被解释变量 HP 表示商品房平均销售价格；解释变量 UR 为城镇化率；X_{it} 为控制变量，表示在人口与经济发展水平对应关系视角下影响房价的因素，包括失业率（UER）、国内生产总值（GDP）、第二产业增加值（SII）、人均可支配收入（$PCDI$）；其中 i、t 分别表示省（自治区、直辖市）与年份；β_1、β_2 为待估参数，μ 是随机误差项。为消除异方差的影响，对上述变量取自然对数，设计出模型（3-3）。

$$\text{Ln}HP_{it} = C + \beta_1 \text{Ln}UR_{it} + \beta_2 \text{Ln}X_{it} + \mu \tag{3-3}$$

（三）实证检验

1. 单位根检验

由于大多数时间序列数据是非平稳的，为确保参数估计的有效性，避免"伪回归"结果，本研究将分别对以上数据进行同质面板数据的 LLC 检验和异质面板数据的 ADF 检验方法进行单位根检验，结果如表 3-8 所示。在水平值条件下，LLC 检验得到各数据相应的概率值均小于 0.05，通过 5% 置信度水平下的检验，因此有理由拒绝"各截面具有同质单位根"的原假设，进而使用 Fisher-ADF 检验方法验证异质单位根。这表明，在水平值情况下所有变量均存在单位根，但经一阶差分后变为平稳。因此，各变量均是一阶单整序列，满足协整检验前提条件。

表 3-8　LLC 检验结果

变量	水平值			一阶差分值	
	LLC 检验	ADF 检验	结论	ADF 检验	结论
Ln*HP*	−5.238	36.9064	非平稳	134.239	平稳
	(0.000)	(0.992)		(0.000)	
Ln*UR*	−1.75	17.9785	非平稳	124.63	平稳
	(0.040)	(1.000)		0	
Ln*UER*	−7.89	70.6125	非平稳	152.044	平稳
	0	(0.124)		0	
Ln*GDP*	−8.992	50.2141	非平稳	123.975	平稳
	(0.000)	(0.812)		(0.000)	
Ln*SII*	−9.054	56.5602	非平稳	97.3354	平稳
	0	(0.602)		(0.002)	
Ln*PCDI*	−4.355	22.9556	非平稳	232.502	平稳
	(0.000)	(1.000)		(0.000)	

注：( ) 内为 p 值。

2. 协整检验

由前文数据的平稳性检验已知各变量均为一阶单整序列，符合协整检验前提条件，在格兰杰和恩格尔提出的协整检验基础上，使用佩德罗尼协整检验法对上述变量进行协整检验。这种协整检验方法相较其他方法的优点在于允许异质面板的存在。在滞后一期的情况下，两种 ADF 统计量均通过显著性检验，即存在协整关系，变量间具备长期均衡关系。

3. 回归结果分析

回归结果如表 3-9 所示，解释变量符号与经济意义相符合且均显著。回归结果证实了上述研究假设且结果与理论模型基本一致。下面将基于回归模型结论与单变量分析进行进一步解释。首先，城镇化率与房价正相关。由表 3-9 可以看出，城镇化率每增加 1 单位，房价将上升 0.576 单位。无论从单一解释变量还是多种解释变量进行参数估计，城镇化率的增长对房地产价格均具有明显的促进作用，城镇化建设带来的住房需求对房价上涨具有一定影响。其次，第二产业增加值与房价负相关。从单一解释变量来看，第二产业发展促进了房价上涨，而在多变量共同影响下，第二产业的发展却起到抑制作用。这一点证实了理论假设，说明实体经济对房价波动的影响存在不同阶段。实体经济发展能够带动相关行业、产业发展，而房地产业的发展是在实体经济提供基础设施、原材料的基础上进行的，成本市场的变化必然引起房价波动。随后，虚拟经济快速发展，实体经济相对萎缩，该阶段实体经济的发展反而对房价波动起抑制作用。最后，失业率与房价负相关。国内生产总值、人均可支配收入对于房地产价格具有正向作用，充分就业是经济增长的基础，在保障充分就业的基础上才能够提高收入水平，进而降低房价收入比，提高居民消费能力。

表 3-9　回归分析系数

变量	系数	标准差	t 统计量	概率值
C	−3.398818	0.24709	−13.75539	0
$LnUR$	0.576007	0.048395	11.90223	0
$LnUER$	−0.108592	0.050702	−2.141779	0.0331
$LnGDP$	0.61244	0.066787	9.170069	0
$LnSII$	−0.619415	0.059858	−10.34812	0
$LnPCDI$	0.945906	0.040183	23.54021	0
拟合优度	0.925069	因变量标准差		8.255883
调整拟合优度	0.92365	因变量均值		0.522559
残差平方和	0.144391	赤池信息准则		−1.010613
总体平方和	5.504067	施瓦兹准则		−0.930648
对数似然函数值	142.4328	汉南-奎因准则		−0.978503
F 统计量	651.8501	杜宾-沃森统计量		0.354427

四、主要结论

通过前文的理论分析和实证检验可以得出以下结论：城镇化对推动房地

产价格上涨具有显著作用,城镇化促进人口转移造成短期住房需求增加是房地产价格上涨的成因;以工业为代表的实体经济发展水平高低对房地产价格调节具有重要作用,主要是通过以实体经济作为支撑产业,依靠工业化优化升级带动城市经济发展,保障就业,提高居民收入,起到缓解房价过热、避免房价急剧下跌的作用。

第四节 "少子老龄化"与中国房价波动

一、"少子老龄化"对中国房价的影响

年龄结构的变化对经济社会产生重要影响,"少子老龄化"逐渐成为中国社会发展的严重问题。近年来,城市的高房价已成为严重影响我国经济发展和社会稳定的难题。2005~2020年,全国商品房销售均价由2937元/平方米上升至9980元/平方米,15年内涨幅高达339.8%。为了抑制房价过快上涨,国家相继出台了一系列以"限购、限贷、房产税、保障性住房建设"等为核心的政策措施,将房价调控至正常范围,然而从政策实施效果来看,房价依然维持在高位稳步增长。

我国高房价的背后究竟是何种因素在发挥重要推力,学术界并未给出一致性结论。国内外学者主要从两方面探讨了这一问题:政策性层面。一是土地财政论。许小年(2011)认为,基于提高财政收入的政府"招、拍、挂"的土地流转制度导致的高地价是房价快速上涨的决定性因素。二是城市化推进论,任木荣和刘波(2009)认为,基于政府大刀阔斧式促发展的中国城市化导致大量农村人口流向城市,通过增加住房的需求从而抬升了房价。经济层面。一是泡沫投机论,如陈国进等(2013)认为,当前的高房价是肆意投机和房屋升值预期造成的经济泡沫;二是国际金融论,刘莉亚(2011)认为,中国的高房价是由人民币升值造成的热钱涌入所致;三是货币决定论,如张小宇(2019)认为,我国房价上涨是导致居民消费疲软的重要因素,货币政

策对房价上涨具有反周期调控的特征，货币政策正向冲击对居民消费和房价均表现为正向影响。然而，以上研究对我国房价持续上涨的解释力度并不足。如货币因素，虽然我国的 M2 持续性增长，但其流向具有普适性，因此无法保证大量的货币会倾向于流入房地产行业。

众所周知，人口是决定房产价格的重要因子，作为房产的主要供求者，直接决定房产价格。因此，基于人口结构变化而引发的快速增加的住宅需求，可能是导致房价高企的重要因素。且随着我国"少子老龄化"的推进，房价的波动竟与其呈现高关联度（见图 3-2）。基于此，人口结构的变化对房价波动的影响可能较前述因素更具说服力。

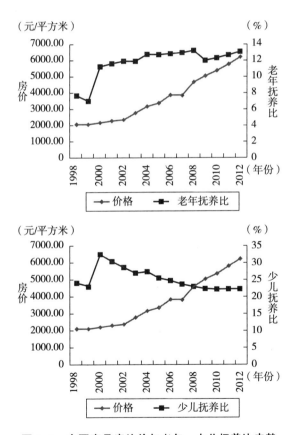

图 3-2　全国商品房均价与老年、少儿抚养比走势

截至 2020 年末，中国 0~14 岁人口约占总人口的 18%，65 岁及以上人口占比为 13.5%。据世界经验证据，少子化现象仅出现于日本等发达国家，发展中国家并不具备少子化的社会基础。因此，在少子化与老龄化并存的社会背景下，以我国房价波动与人口结构变化间的关系作为研究课题，极具学术价值和现实意义。但长期以来学术界仅将研究视野局限于老龄化阶段下中国经济如何自处、老龄化对中国经济社会的影响等，鲜少关注老龄化对房价的深远影响。最重要的是，关于少子老龄化对我国房价潜在冲击的学术研究更是凤毛麟角。因此，探讨在人口老龄化与严重少子化的过程中，我国人口结构转变与房价的动态联系及未来变动趋势，丰富少子老龄化背景下我国房地产市场的理论研究，也为政府增强宏观调控的有效性提供了重要思路。

二、文献综述

国内外学者大多从老龄化角度考察与房价关系，关于少子老龄化与房价互动关系的文献相对较少。国外最早提出"老龄化冲击说"，即老龄化对房价的影响可分为积极说和消极说两种。"老龄化消极说"认为老龄化可能会造成房价下跌，甚至崩溃。Modiglianni（1954）的生命周期理论认为，为实现生命周期内总效用最大化，经济人主体会在收入与所持财富的预算约束线下，通过平滑不同年龄阶段的消费和储蓄从而达到最优化选择的目的。具体表现为个体的消费—储蓄行为伴随生命周期而改变：中年期储蓄大于消费，会选择储蓄或投资；青年、老年期消费大于储蓄，会选择借贷或出售资产。由此，生命周期理论的相关含义可延伸至人口结构角度，即人口结构的变化会影响房地产等固定资产的价格。当中年人口比重上升时，存在对住房等固定资产的超额需求，导致房屋等资产价格上升；当老年人口比重上升，即老龄化程度加深时，存在对房屋等固定资产的超额供给，直接造成房价下跌，导致房市崩溃。Brooks（2002）考虑了禀赋结构对老龄化及房价之间相互关系的影响。他将财富禀赋细化为两种：可交易资产（如房地产）与不可交易资产（如人力资本）。考虑了人力资本伴随年龄递增而不断衰减的现象，为减少人力资本必然的风险暴露，老年人往往会理性地进行资产组合，将股票等高风险资产转换为风险系数较低的房地产资产，从而在一定程度上能缓和老龄化对房价的负向冲击。Walker 和

Lefort（2002）选取了秘鲁等新兴国家作为样本，从养老金私有化改革角度研究了人口老龄化对资产价格的影响，并通过实证分析指出养老金私有化改革会通过降低资本成本，达到减小资产价格波动的目的。吕江林（2021）通过构建 DSGE 基准模型和扩展模型，引入家庭、企业及政府部门借贷机制和老龄化冲击，从住房价格及宏观杠杆率视角研究老龄化对金融稳定的影响。研究发现：考虑住房投资品属性的扩展模型中，面临老龄化冲击后，我国居民杠杆率会上升，住房价格会暴涨后暴跌，可能造成房地产泡沫破裂，从而引发金融危机；技术冲击还将使居民杠杆率进一步上升并使其与老龄化冲击叠加，房价暴涨暴跌的效应会倍增，房价泡沫破灭后，可能引发金融危机。

由于我国房地产市场化改革缓慢、"少子老龄化"现象出现较晚，国内学者对其研究起步迟。史青青等（2010）基于代际交叠局部均衡模型，证明了在完全理性的市场中，房地产投资收益率与城镇化水平负相关，而与人口增长率无关。邹瑾（2014）在区域差异分析的基础上深入探讨了老龄化对房价波动的影响，但其研究未涉及人口少子化。陈国进等（2013）分析了年龄抚养比与房价的互动关系，结果显示各人口抚养比与房价正相关，但其研究并未基于我国人口"少子老龄化"的现状和考察区域差异等。

综上所述，目前国内外的文献仅聚焦于人口老龄化与房产价格的关系，其观点基本可囊括为老龄化通过改变经济个体的消费、储蓄及投资行为对房价产生冲击，但因其理论模型大多基于抽象的假设，且无法穷尽所有影响房产价格的因素，故导致关于老龄化对房价的影响争议不断。因此，本研究将立足于我国当前人口结构演变的实际，拟对人口子机构与住房价格的关系予以实证，一是基于向量自回归（VAR）模型，采用面板协整检验、格兰杰因果检验等实证方法，探究少子化和老龄化对房价的动态影响。二是将区域差异纳入研究范畴，把全国划分为东部、中部、西部三个经济区域，探究各抚养比对房价影响的地区差异，从而深化"少子老龄化"背景下对我国房价变动趋势的认识，提高应对房价波动的有效性。

三、变量选择、模型构建及数据说明

（一）变量选择

本研究选取全国商品房平均销售价格 *HP* 作为被解释变量，并将解释变量分为两类：宏观经济因素和人口结构因素。

宏观经济因素。宏观经济因素包括人均地区生产总值和人均可支配收入。人均地区生产总值是衡量一个国家或地区经济整体发展水平的最适用标准。一般而言，地区经济整体发展水平越高，房价越高。因此，人均地区生产总值可作为宏观经济因素的重要代表，本研究用 GR 表示。人均可支配收入主要通过改变消费者需求给予房价上行或者下行影响。消费者作为市场经济的重要行为主体，在收入约束的前提下，会理性化消费以获取最大的效用，本研究用 DI 表示人均可支配收入。

人口结构因素。据人口学分析，人口结构一般可划分为三类：一是人口自然结构，如年龄结构、性别结构等；二是社会经济结构，如家庭结构、从业结构等；三是人口区域结构，如城乡结构、行政结构等。因此，本研究主要沿用以上人口划分范畴。本研究的重点在于深入探析人口"少子老龄化"对我国房价的影响，故选取少儿抚养比、老年抚养比两个重要人口年龄结构因子作为解释变量，其中少儿抚养比、老年抚养比分别用 CR、OR 表示。伴随我国"少子老龄化"社会的发展，平均家庭户规模日益微型化，其主要通过引起住房需求的增加进而导致房价波动。故选取平均家庭户规模为解释变量，用 FZ 表示。作为显示我国城市化建设程度的重要成果，非农业人口比的变动与房价波动密切相关，本研究用 NR 表示非农业人口比。

样本总体描述如下：

（1）从表 3-10 中可以看出，房价的平均值和中位数分别为 8.1531 和 8.1217，两者非常接近，说明房价总体呈正态分布。

（2）观察少儿抚养比、老年抚养比两个变量，发现其平均值分别为 3.1864、2.3948，说明少儿数量在我国总人口的占比大于老年人口。透露出随着老龄化社会的发展，我国人口少子化倾向严重，并已超越老龄化，这与前文分析一致。进一步观察，少儿抚养比的标准差为 0.3182，大于老年抚养比标准差 0.2787，表明少儿数量在我国区域差异更为明显。

表 3-10 主要变量描述性统计

变量	最小值	最大值	均值	中值	标准差
$\mathrm{Ln}HP$	7.6271	8.7383	8.1351	8.1217	0.3813
$\mathrm{Ln}CR$	2.2600	3.8000	3.1864	3.2400	0.3182
$\mathrm{Ln}OR$	1.4100	3.0900	2.3948	2.4300	0.2787

（二）模型构建

考虑到本研究所选人口年龄结构变量之间可能存在动态联系等不利因子，若采用基于经济理论的联立方程等传统计量方法，将难以克服结构性方法对人口结构变量间可能存在的动态联系研究乏力及内外生变量易于混淆的难题。鉴于此，为准确剖析"少子老龄化"社会背景下少儿抚养比等人口结构变量对房价的影响，笔者特构建不含外生变量的 VAR 模型如下：

$$Y_t = A_t y_{t-1} + \cdots + A_w y_{t-w} + \varepsilon_t, \quad t = 1, 2, \cdots, T$$

式中，Y_t 是 n 维内生变量的列向量，T 是样本个数，w 是滞后阶数，A_t 为 $n \times n$ 维待估计的系数矩阵，冲击向量 ε_t 是白噪声向量。综合分析全国住宅平均销售价格与人口结构变化规律及动态联系，令 $Y_t = (\mathrm{Ln}HP_t, \mathrm{Ln}CR_t,$ $\mathrm{Ln}OR_t, \mathrm{Ln}GR_t, \mathrm{Ln}NR_t, \mathrm{Ln}FZ_t, \mathrm{Ln}DI_t)^T$。其中，因本研究重点考察人口"少子老龄化"对房价波动的影响，为提高分析的准确度和有效性，特将人均地区生产总值 GR、非农业人口比 NR、平均家庭户规模 FZ、人均可支配收入 DI 设为控制变量。

（三）数据说明

由于自 1998 年我国实行住房商品化改革，此前实行住房分配，房价并不能反映市场的供需关系。考虑数据的可得性，本研究选取了除港澳台地区外 1999~2013 年我国 31 个省（自治区、直辖市）的年度统计数据。各变量数据来自《中国统计年鉴》和《中国人口与就业统计年鉴》。其数据处理方式如下：

全国商品房销售均价 HP、平均家庭户规模 FZ 和各地区人均可支配收入 DI 直接查找获得。少儿抚养比 CR 和老年抚养比 OR 由以下公式计算得到：$CR = (0{\sim}14$ 岁人口数/总人口数$) \times 100\%$；$OR = (65$ 岁及以上人口数/总人口数$) \times 100\%$；其中，人口数均为各地抽样调查样本数据。非农业人口比 NR 据

公式 NR＝(非农业人口/总人口)×100%计算得出。人均地区生产总值 GR 据公式 GR＝(地区生产总值/年平均常住人口)×100%计算得出来。

四、实证检验

为消除异方差影响，对各组数据进行对数处理，分别记为 $LnHP$、$LnCR$、$LnOR$、$LnGR$、$LnNR$、$LnFZ$、$LnDI$。

(一) 面板单位根检验与协整检验

由于大多数时间序列是非平稳的，为避免伪回归现象，须对变量时间序列做平稳性检验。由于本研究是平衡面板数据序列，而面板单位根检验方法有别于时间序列单位根检验，目前针对平衡面板进行单位根检验的两种主要有效方法是 LLC 检验和 ADF 检验，故本研究沿用这两种方法进行检验。结果如表3-11所示。

表3-11　面板单位根检验结果

变量	水平值			一阶差分值		
	LLC 检验	ADF 检验	结论	LLC 检验	ADF 检验	结论
LnHP	4.5963	1.6237	非平稳	−19.6497	332.7645	平稳
	(1.0000)	(1.0000)		(0.0000)	(0.0000)	
LnCR	−3.3966	72.4603	非平稳	−22.8784	330.1939	平稳
	(0.0003)	(0.1710)		(0.0000)	(0.0000)	
LnOR	−18.6109	214.6964	平稳	−19.5319	305.4003	平稳
	(0.0000)	(0.0000)		(0.0000)	(0.0000)	
LnGR	1.5534	16.4401	非平稳	−9.3368	138.6421	平稳
	(0.9398)	(1.0000)		(0.0000)	(0.0000)	
LnNR	−4.0911	57.0914	非平稳	−17.1051	252.5739	平稳
	(0.0000)	(0.6527)		(0.0000)	(0.0000)	
LnFZ	−10.7078	152.1750	平稳	−27.6170	401.8150	平稳
	(0.0000)	(0.0000)		(0.0000)	(0.0000)	

变量	水平值			一阶差分值		
	LLC 检验	ADF 检验	结论	LLC 检验	ADF 检验	结论
LnDI	5.4874	3.6253	非平稳	−12.8651	194.0448	平稳
	(1.0000)	(1.0000)		(0.0000)	(0.0000)	

注：（ ）内为 p 值。

　　表3-11 的检验结果显示，在5%的显著性水平下，老年抚养比、平均家庭户规模序列平稳，商品房均价、少儿抚养比、人均地区生产总值、非农业人口比、人均可支配收入五序列均非平稳。而一阶差分后的所有序列在5%的显著性水平下均拒绝原假设。由于控制变量对房价的影响与目前多数文献研究结果一致，而本研究重点关注我国"少子老龄化"背景下人口年龄结构分布对房价的影响，故以下将对其着重进行分析。因 LnHP、LnCR、LnOR 序列是一阶单整序列，故可采用基于回归系数的 Johansen 协整检验，如表3-12 所示。

表3-12　Johansen 协整检验结果

原假设	迹统计量（p 值）	最大特征值（p 值）
0 个协整向量	72.8285（0.0000）	56.3280（0.0000）
至多 1 个协整向量	16.5005（0.0352）	11.6082（0.0262）
至多 2 个协整向量	4.8923（0.0270）	4.8923（0.0270）

　　由表3-12 可知，在5%的显著性水平下，迹检验和最大特征值检验的 p 值均小于0.05，表明 LnHP、LnCR、LnOR 序列存在显著的协整关系，即少儿抚养比、老年抚养比对房价具有长期稳定的影响。

（二）格兰杰因果检验

　　若在包含了变量 X、Y 的过去信息的条件下，变量 X 有助于解释变量 Y 的将来变化，则认为"变量 X 是引致变量 Y 的格兰杰因"。根据最小信息化原则，采用 AIC、SC、LR、HQ、FPE 准则计算得到的最佳滞后阶数为1。由单位根检验和协整检验可知，虽然 LnHP、LnCR、LnOR 不全为平稳序列，但其线性组合存在协整关系，故可采用 Granger 因果检验分析商品房均价与人口年龄结构因子间的关系，如表 3-13 所示。

表 3-13　Granger 因果检验结果

	原假设	F 统计量	p 值	结论
LnHP 方程	LnCR 不能 Granger 引起 LnHP	2.1847	0.0035	拒绝
	LnOR 不能 Granger 引起 LnHP	4.7476	0.0120	拒绝
LnCR 方程	LnHP 不能 Granger 引起 LnCR	1.5846	0.2581	接受
	LnOR 不能 Granger 引起 LnCR	3.0651	0.0384	拒绝
LnOR 方程	LnHP 不能 Granger 引起 LnOR	1.5023	0.8672	接受
	LnCR 不能 Granger 引起 LnOR	6.8845	0.0396	拒绝

综合检验结果可知，少儿抚养比（LnCR）与老年抚养比（LnOR）互为格兰杰因果，即少儿抚养比与老年抚养比相互引导；少儿抚养比、老年抚养比是商品房均价（LnHP）的格兰杰因，而商品房均价并非任何变量的格兰杰因，体现了人口年龄结构变量对房价的单向影响。

（三）VAR 模型估计

要使 VAR 模型的脉冲响应分析有效，首先必须要对 VAR 模型进行稳定性检验。全国商品房均价和人口年龄结构变量的三元 VAR 模型稳定性检验结果如图 3-3 所示：故 VAR 模型结构稳定。其次对 VAR 模型残差进行正态性检验、White 检验、自相关 LM 检验，结果显示模型残差服从正态分布、无异方差性、无自相关性，说明 VAR 模型整体解释力度较大。

（四）脉冲响应分析

格兰杰检验显示，少儿抚养比和老年抚养比对房价存在引领作用，但格兰杰检验并不能明确显示其对房价的动态影响及相关程度。因此下面将基于本研究所构建的 VAR 模型，引入脉冲响应方程进行区域差异动态分析。如图 3-4 所示，横轴表示冲击作用的滞后期间数（单位：年），纵轴表示房价的响应程度，实线代表脉冲响应函数，虚线代表正负两倍标准差偏离带。

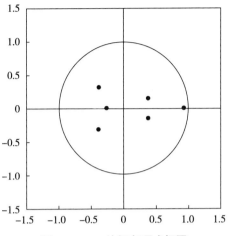

图 3-3 AR 特征多项式根图

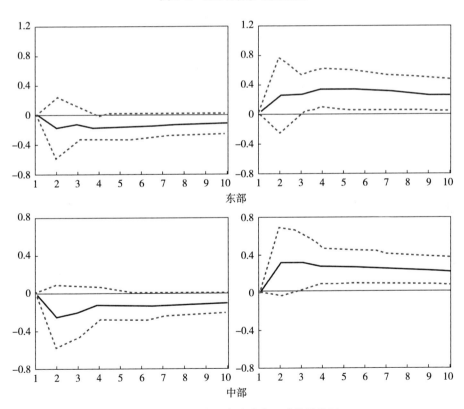

图 3-4 VAR 模型脉冲响应区域差异分析

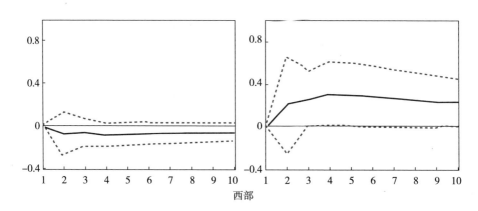

图 3-4　VAR 模型脉冲响应区域差异分析（续）

由图 3-4 可知，当给少儿抚养比（LnCR）一个正向冲击后，各区域房价（LnHP）均立刻下降，且都于第 2 期达到最低点，之后虽有所上升但幅度甚微，在长期来看具有较好的持续性和稳定性。说明少儿抚养比的下降有助于抬升房价。分区域来看，东部房价受少儿抚养比的冲击最小，西部最大；当给老年抚养比（LnOR）一个正的冲击后，各区域房价均加速上升，之后增长幅度逐期缩小，但长期来看具有良好的稳定性。说明老年抚养比的上升倾向于推高房价；分区域来看，中西部地区房价受老年抚养比的冲击较小，东部地区较大。

首先，分析少儿抚养比的下降、老年抚养比的上升是我国房价高企的原因，笔者认为可从以下三点进行解释：第一，"婴儿荒"现象的出现。我国自 20 世纪 70 年代伊始实行计划生育政策，直接导致出生人口骤减，进而造成国民少儿抚养比迅速下降及家庭负担减轻，从而使家庭有更多闲余资金可用于住房消费，推动我国房价持续上扬。第二，"利己动机""利他动机""投机动机"三重施压。①我国正处于"少子老龄化"加速发展的初期，养老负担较轻，且老年人改善自身住房的需求随社会进步不断强化。②受惠于曾经福利分房制度的老年群体，无须考虑购房的货币性支出，导致其拥有大量额外储蓄。加之计划生育政策强有力执行下形成的"一对夫妻一个孩子"的家庭结构，强化了老年人帮助下一代购房的动机，最终导致两代人的储蓄共同爆发式释放于房地产市场。③我国符合老年群体特征的投资渠道匮乏，而房产投资的盛行和高回报进一步引诱大量资本流向房地产市场。第三，家庭结构微型化。随着人口"少子老龄化"，我国家庭规模的日益缩小诱发更多的住房需求，由此造成房地产市场频繁出现"卖方市场"，推动房价上涨。

其次，比较各区域人口年龄结构变量对房价冲击的大小发现：第一，东部地区少儿抚养比对房价的冲击最小。这或可说明东部房价已脱离经济基本面，存在价格泡沫。而西部地区的冲击最大，则或与西部地区经济与金融发展程度较弱相关，投资渠道的匮乏直接导致更多资本涌入房产市场。第二，东部地区房价受老年抚养比的影响较大，中西部地区较小，这可能与人口流动相关。东部地区发展程度高，青年人群因工作需要等原因更倾向于涌入东部地区。且东部养老保障体系、医疗更加完备，强化了老年人的地区转移动机，双重因素施压对东部房价产生影响。由脉冲响应图进一步分析可推断出：伴随期数的推进，少儿抚养比、老年抚养比对房价的冲击效应将减弱，可能与国家生育政策的不断调整与完善和老龄化程度的深化相关。

（五）方差分解

为完善 VAR 模型分析，下面将基于脉冲响应分析，进一步运用方差分解方法。本研究选取方差分解方法的两个主要目的：一是消除样本的可能误差对模型的影响；二是探讨人口年龄结构变量冲击对房价变动的贡献程度，如表 3-14 所示。

表 3-14　各变量对房价（LnHP）的贡献率

时期	东部			中部			西部		
	标准差	LnHP	LnCR	LnOR	标准差	LnHP	LnCR	LnOR	标准差	LnHP	LnCR	LnOR
1	0.060	100.0	0.00	0.00	0.057	100.0	0.00	0.00	0.050	100.0	0.00	0.00
2	0.064	92.58	0.00	7.42	0.060	92.50	0.01	7.49	0.054	86.24	0.01	13.74
3	0.071	84.64	0.09	15.27	0.065	85.84	0.85	13.32	0.058	76.06	0.48	23.47
4	0.076	74.90	0.17	24.94	0.070	76.72	1.90	21.38	0.061	69.29	2.51	28.20
5	0.082	68.28	0.26	31.46	0.074	69.68	2.76	27.56	0.065	65.42	3.14	31.43
6	0.086	63.39	0.33	36.28	0.078	64.38	3.50	32.12	0.067	61.04	3.75	35.21
7	0.090	60.08	0.38	39.54	0.081	60.38	4.06	35.57	0.070	58.17	4.21	37.63

续表

时期	东部				中部				西部			
	标准差	LnHP	LnCR	LnOR	标准差	LnHP	LnCR	LnOR	标准差	LnHP	LnCR	LnOR
8	0.093	57.63	0.42	41.95	0.083	57.34	4.47	38.18	0.072	55.69	4.68	39.63
9	0.096	55.76	0.44	43.80	0.086	54.99	4.80	40.21	0.074	53.82	4.97	41.21
10	0.098	54.23	0.47	45.30	0.088	53.11	5.06	41.83	0.076	52.12	5.26	42.63

由表 3-14 可知，各区域人口年龄变量对于房价的影响均滞后一期，而来自房价自身的影响当期就能实现；各地区少儿抚养比、老年抚养比对房价的贡献度在短期内伴随时期推进不断增加；分区域来看，各区域少儿抚养比对房价的贡献度均小于老年抚养比，其中东部地区最为显著。横向比较：少儿抚养比对房价的贡献度在西部地区最大，于第 10 期达 5.26%；而东部地区老年抚养比对房价的贡献度最大，也于第 10 期达 45.30%。故可综合得出，短期内我国房价波动主要受房价自身影响，但影响力度渐弱；少儿抚养比和老年抚养比对房价均具有长期影响。以上分析与脉冲响应分析结果基本吻合。

第五节　货币政策调控与房地产泡沫的传递
——基于长沙市的经验数据

一、房地产货币政策调控的解读与长沙市房地产市场的发展

1994 年 7 月，国务院下发了《关于深化城镇住房制度改革的决定》，要求建立新的城镇住房制度来实现住房商品化和社会化；1998 年国家开始取消福利分房制度，明确推行住房货币化改革，提出要把房地产业培育成为新的经济增长点。经过 20 多年的发展，房地产业已成为推动城市经济增长的支柱产业和重要力量。在全国 35 个大中城市中，房地产投资额占全国固定资产投

资额保持在 25%以上，全国城市房价均价从 2010 年的 4725 元上涨至 2020 年的 9980 元;[①] 一二线城市（如上海、杭州、厦门等）房价收入比达到 20 以上，中西部城市（武汉、重庆、长沙）房价收入比也高达 8 以上，大大高于 4~6 的国际标准线。房地产业的快速发展为中国创造经济增长奇迹、改善人居环境、增加财政收入与提高就业等方面做出了巨大贡献。由于房地产业的先导性，通过较高的产业关联度和较强的带动效应，带动了建材、冶金、化工、机械、机电等几十个物质生产部门以及金融、商业、服务、旅游等产业的发展，对于调整中国经济结构、改善城乡面貌、提高城市品位、加快推进城市化进程等都有着十分重要的作用。但是房价的过快上涨却导致房地产市场出现棘轮效应：一方面，产业发展对房地产市场带动的依赖性越来越强；另一方面，房价的过快上涨在一定程度上超过了城镇居民的承受能力，房地产业过度繁荣侵蚀着中国转型的升级空间，特别是高房价诱发了一系列社会问题。为了抑制房价猛涨，控制房地产泡沫的爆发，我们在对现行的政策进行解读之前，应该对我国历年的房地产调控政策有一个系统的梳理和分析，以便得出政府在调控过程中的优势和不足之处，为今后的管理提供有意义的借鉴，为此笔者根据历年对房地产市场的宏观调控政策进行了梳理，如表 3-15 所示。

表 3-15　我国历年房地产调控政策

年份	政策文献	主要内容
2003	关于进一步加强房地产信贷业务管理的通知	对购买高档商品房、别墅或第二套以上（含第二套）商品房的借款人，适当提高首付款比例，不再执行优惠住房利率规定
2004	关于继续开展经营性土地使用权招标拍卖挂牌出让情况执法监察工作的通知	所有商住地的出让必须公开交易，公开交易也必须做到公平公正公开

---

① 中国城市动态地价监测。

续表

年份	政策文献	主要内容
2005	关于切实稳定住房价格的通知	重视稳定住房价格、切实负起稳定房价的责任、引导居民合理消费、监测房地产市场的运行、贯彻调控住房供求措施、组织对稳定房价工作的检查
2006	关于调整住房供应结构稳定住房价格的意见	切实调整住房供应结构、明确新建住房结构比例,进一步发挥税收、信贷、土地政策的调节作用,合理控制城市房屋拆迁规模和进度,进一步整顿和规范房地产市场秩序,有步骤地解决低收入家庭的住房困难,完善房地产统计和信息披露制度
2007	关于加强商业性房地产信贷管理的通知	针对个人二套楼交易市场,打击楼市投机。政府通过保障性住房来保护低收入民众的自主权,提高第二套及以上住房贷款的首付比例和贷款利率
2008	"四万亿计划""国十三条"	加大了对基础建设的投资,对房地产市场采取了宽松的财政和货币政策,明确指出要引导房地产开发企业积极应对市场变化和需求
2009	关于促进房地产市场健康发展的若干意见	增加普通商品住房的有效供给,继续支持居民自住和改善型住房消费,抑制投资投机性购房,加强市场监管,继续大规模推进保障性安居工程建设
2010	关于进一步促进房地产市场平稳健康发展的通知	实行更为严格的差别化住房信贷政策,发挥税收政策对住房消费和房地产收益的调节作用,增加居民的居住用地,支持保障性住房建设
2011	关于进一步做好房地产市场调控工作有关问题的通知	要求强化差别化住房信贷政策,对贷款购买第二套住房的家庭,首付款比例不低于60%
2012	中国货币政策执行报告	继续严格执行差别化的各项住房信贷政策,支持保障性住房、中小套型普通商品住房建设和居民首套自住普通商品房消费,坚决抑制投机投资性购房需求
2013	关于继续做好房地产市场调控工作的通知	明确"有保有压"的差别化调控总原则。全面深化改革,强调市场的决定作用,促房地产长效机制建立健全
2014	关于进一步做好住房金融服务工作的通知	加大对保障性住房的金融支持、满足居民合理住房信贷需求、支持房企合理融资需求等

续表

年份	政策文献	主要内容
2015	关于 2015 年深化经济体制改革重点工作意见的通知	推进城镇化体制创新，统筹推进国家新型城镇化综合试点、中小城市综合改革试点和建制镇示范试点，以点带面，点面结合，推进新型城镇化实现新突破
2016	关于企业债券审核落实房地产调控政策的意见	限制房地产开发企业发行企业债券融资用于商业性房地产项目，不支持商业地产项目，商业性房地产项目融资仍受到严格限制
2017	关于提升银行业服务实体经济质效的指导意见	严禁资金违规流入房地产市场，严厉打击"首付贷"等行为
2018	关于开展治理违规提取住房公积金工作的通知	规范改进住房公积金提取政策，防止提取住房公积金用于炒房投机。账户封存期间，在异地开立住房公积金账户并稳定缴存半年以上的，办理异地转移接续手续。未在异地继续缴存的，封存满半年后可提取
2019	关于开展 2019 年银行机构房地产业务专项检查的通知	要求 32 个城市的银保监局对当地银行进行检查。各银保监局可选择房地产信贷规模较大或占比较高的机构、房地产相关业务风险较为突出的机构、与融资规模较大的房地产企业合作较多的机构、与交易火爆楼盘合作密切的机构等
2020	中国货币政策执行报告	继续提出坚持"房住不炒"的定位，按照"因城施策"的基本原则，加快建立房地产金融长效管理机制，不将房地产作为短期刺激经济的手段

　　长沙市作为两型社会试验区和长株潭城市群中的核心，其房地产业快速发展在全省实现"弯道超车"、四化两型以及国家中部崛起计划中起着十分重要的战略引领作用。长沙市从 2006 年开始认真贯彻国家的"十一五""十二五"规划，大力推进新型工业化、城镇化，工业化、城镇化建设使长沙市经济进入良性发展轨道。相比中部周围武汉、南昌等其他城市房价增速较大、房价收入比更高的情况下，长沙的 GDP 增长稳健，房价依然保持平稳增长的可控范围。因此，本研究选取 1998~2012 年长沙市的数据检验地区量化宽松货币政策对房地产市场影响是否显著具有十分重要的意义。

二、理论基础与研究假设

从已有的研究来看，影响房地产市场价格的因素既包括市场因素，也包括政府因素，既是实体经济发展的原因，也是金融驱动的结果。从货币金融视角来看，货币供应量、利率、房地产投资额、人均收入等都是影响房地产市场价格波动的主要因素。因此，本书根据国内外知名学者的研究综述，构建以下研究假设：

假设3-5：贷款利率与房地产价格负相关。

Matteo Iacoviello（2005）研究发现，房地产价格的上升使个人和企业更容易获得信贷，从而显著促进社会需求并提升社会总产出水平。Claus Greiber和 Ralph Setzer（2007）认为，由于房地产是优质抵押品，所以当房地产价格上涨时，公司和个人的借贷能力会相应增强，违约风险水平也会下降，于是银行借贷意愿会提高，最终导致更多的资金流向房地产市场，进而提升房地产市场的价格水平。冯鑫（2008）认为，房价预期涨幅限制了利率对投资性需求的影响，利率上升会抑制部分需求。况伟大（2010）则通过利率方程回归分析，结果表明利率增长率对房价增长率变动具有影响。因此，贷款利率成为房地产价格波动的主要因素。

假设3-6：投资规模与房地产价格正相关。

投资规模是影响房地产价格的主要因素。Dolde 和 Tirtirog lu（2002）运用1974~1993年美国数据考察了房价上下波动次数及其原因。研究表明，当投资规模增幅较低时，房价波动较稳定，当投资规模增速较高时，房价波动较大。费磊（2012）研究发现，房地产价格波动和房地产信贷规模在长期存在稳定均衡关系，银行信贷对房地产价格波动具有重要的推动作用。张涛等（2006）在消费者效用最大化基础上考察了资产回报、房地产投资和房地产均衡价格之间的关系，因而，房地产投资额直接影响房地产价格。

假设3-7：货币供应量与房地产价格正相关。

货币供应量 M2 是影响房地产价格的重要因素。Matteo Iacoviello（2005）考察了经济波动与金融部门之间的互动问题。他在经济周期基础上建立了一个产品市场、借贷市场、房地产市场和货币政策的一般动态均衡模型。VAR

脉冲反应结果显示，从紧的货币政策对住房价格产生负的影响。Deokho 和 Ma（2006）运用 1991~2002 年韩国月度数据，采用协整检验和光谱分析考察了房价与利率之间的长期关系。结果显示，房价与利率在长期是负相关关系，短期利率是房价的格兰杰原因。资金密集型产业——房地产的投资在很大程度上需要银行信贷的支持，市场上货币的流通量决定了银行的贷款能力，进而在供给方面影响房地产的投资规模，在需求方面影响居民购买能力。在过去的十多年里，我国货币供应量不断增大，造成了市场的流动性过剩，在一定程度上推动了房价变化。

假设 3-8：第二产业增加值与房地产价格正相关。

"十二五"以来，长沙市产业结构向"三二一"转变，第二产业仍然占较大比重，产业之间相互联系、相互促进，而房地产的开发将会加大对钢材、水泥、木材、玻璃、建材、化工和建筑机械等产品或者原材料的需求，使得第二产业比重一直稳步上升，如供应业、制造业、建筑业等产业产值增加，必然也加大了对同等原材料的需求，从而导致其供不应求，房价上涨。

假设 3-9：城镇居民人均可支配收入与房地产价格正相关。

考虑到商品房销售主要集中在城镇地区，所以用城镇居民人均可支配收入来反映其实际购买能力。从需求方面考虑，城镇居民人均可支配收入增加使得购房资金增加，同时人们提高了住房标准，刺激了对房地产的需求，从而在一定程度上推动了房价的上涨。因此，房价水平与城镇居民可支配收入应该呈现正向关系。

三、实证分析

（一）数据与模型设定

本研究从国家统计局、长沙市统计信息网等众多权威机构收集了 1998~2012 年长沙市房地产投资额 X_1、全国货币和准货币（M2）供应量 X_2、央行人民币贷款年利率（五年以上）X_3、长沙市第二产业增加值 X_4、全年城镇居民人均可支配收入 X_5 等相关数据，上述变量的描述性统计分析如表 3-16 所示，构建的一个多元线性回归模型如下：

$$Y=\beta_0+\beta_i X_i+\mu$$

式中，Y 为长沙市商品房平均销售价格，X_i 为影响长沙市商品房平均销售价格的因素，K 为解释变量的个数，β 为回归系数，μ 为随机干扰项。

表 3-16　变量的描述性统计

变量	均值	中值	最大值	最小值	标准差	观测值
Y	2993.26	2313.73	6100.87	1782.82	1451.90	15
X_1	3372858.00	2563500.00	10320003.00	174078.00	3238377.00	15
X_2	390562.70	298755.70	974159.50	104498.50	279531.90	15
X_3	6.58	6.27	8.64	5.76	0.74	15
X_4	1155.51	655.27	3592.52	234.84	1120.67	15
X_5	14679.87	12434.00	30288.00	6650.00	7387.03	15

（二）数据处理

本研究通过观察解释变量与被解释变量的散点图采用直线形式拟合，利用 OLS 回归模型进行分析，结果显示：虽然模型可决系数 R^2（回归平方和占总离差平方和的比重）较大且接近于 1，同时回归模型中长沙商品房平均销售价格与上述解释变量总体线性关系显著（p 值 = 0.000000 < a = 0.05），但解释变量前参数在回归系数检验时却有四个未通过 t 检验（假定值 = 0.7689、0.7340、0.1845 > a = 0.05），同时，长沙市全年城镇居民人均可支配收入回归系数为负（-0.197675），这与定性分析得到的预期不符且模型的经济意义不合理，故认为解释变量之间存在多重共线性。

由于初步选定的 5 个自变量之间存在多重共线性的问题，所以必须将一些相关的自变量从模型中剔除。计算各自变量之间的相关系数矩阵，输出的结果如表 3-17 所示。

表 3-17　自变量相关矩阵

	Y	X_1	X_2	X_3	X_4	X_5
Y	1					

续表

	Y	X_1	X_2	X_3	X_4	X_5
X_1	0.989375	1				
X_2	0.98465	0.99418	1			
X_3	0.155019	0.125894	0.094278	1		
X_4	0.989772	0.9864	0.99168	0.12327	1	
X_5	0.982543	0.996207	0.998221	0.09984	0.987838	1

由表 3-17 中的数据可以发现，Y 与 X_1、X_2、X_4、X_5 之间存在高度相关性。

找出简单的回归形式（分别作 Y 与 X_1、X_2、X_4、X_5 间的回归）。

（1）$Y = 1497.131 + 0.000444X_1$

　　　（18.00）　　（24.54）

$R^2 = 0.9789$　D. W. $= 1.1478$

（2）$Y = 995.7983 + 0.005114X_2$

　　　（8.34）　　（20.34）

$R^2 = 0.969535$　D. W. $= 1.402119$

（3）$Y = 1511.536 + 1.2823136X_4$

　　　（18.62）　　（25.02）

$R^2 = 0.979649$　D. W. $= 1.973171$

（4）$Y = 158.3426 + 0.193116X_5$

　　　（0.96）　　（19.04）

$R^2 = 0.965390$　D. W. $= 1.222175$

可见，长沙市商品房平均销售价格受长沙市第二产业增加值影响最大，因此选（4）为初始的回归模型。

将其他解释变量分别与上述内容构建模型进行检测，寻找最佳回归方程，结果如表 3-18 所示。

表 3-18　逐步回归结果

	C	X_1	X_2	X_3	X_4	X_5	Adjusted R^2	D. W.
$Y=f(X_4)$	1511.536				1.282		0.978	1.973
t 值	18.622				25.016			
$Y=f(X_4,X_1)$	1494.359	0.001			0.664		0.984	2.028
t 值	21.183	2.324			2.465			
$Y=f(X_4,X_2)$	1409.358		0.001		1.041		0.977	1.967
	7.392		0.596		2.549			
$Y=f(X_4,X_3)$	1083.374			66.017	1.277		0.978	1.870
t 值	8.989			0.417	1.055			
$Y=f(X_4,X_5)$	1231.810				1.028	0.039	0.977	2.008
t 值	3.303				3.068	0.769		
$Y=f(X_1,X_2,X_4)$	1834.064	0.0004	-0.003		1.008		0.986	2.654
t 值	8.859	2.950	-1.729		3.159			
$Y=f(X_1,X_3,X_4)$	1093.071	0.0002		61.901	0.666		0.983	1.951
t 值	10.879	2.828		-1.514	2.309			
$Y=f(X_1,X_4,X_5)$	2695.445	0.001			0.881	-0.171	0.989	2.718
t 值	5.497	3.552			3.635	-2.467		
$Y=f(X_1,X_2,X_3,X_4)$	1638.548	0.0003	-0.003	25.651	0.979		0.989	2.532
t 值	8.337	2.8177	-0.775	-0.266	1.276			
$Y=f(X_1,X_2,X_4,X_5)$	2803.498	0.0001	0.001		0.830	-0.199	0.987	2.644
t 值	4.185	3.381	0.251		2.565	-1.513		
$Y=f(X_1,X_3,X_4,X_5)$	2516.090	0.001		19.529	0.872	-0.164	0.987	2.629
t 值	4.150858	3.390		0.550	0.316	-1.801		

首先，在初始模型中引入 X_1，发现参数符号合理但模型拟合度上升，变量在 5% 的显著性水平下都通过 t 检验，且根据 D. W. 值表明不存在一阶正自相关，所以用 X_1 和 X_4 为解释变量符合要求，为了检验的严谨性，再继续用 X_2、X_3、X_5 代替 X_1 与 X_4 分别回归，从拟合优度、变量显著性方面观察，其

OLS 回归的效果均不理想，因此选取符合要求的变量 X_1、X_4，并进一步考虑引入第三个变量看是否模型效果更好。

其次，初始模型引入 X_1 后，再继续引入 X_2 发现拟合度提高，变量 X_2 在 5%的显著性水平下没有通过显著性检验，且变量参数符号不合理；剔除 X_2 引入 X_3 发现模型拟合度提高，但 X_3 存在与上述 X_1 同样的问题；剔除 X_3 引入 X_5 发现模型拟合度提高，但变量参数符号不合理。根据以上分析用三个解释变量做回归均不是理想模型，存在多重共线性。因此，考虑用四个变量来对被解释变量做出解释。

通过上述步骤，在第一步已经确定引入 X_4 的情况下分别对 X_1、X_2、X_3、X_4，X_1、X_3、X_4、X_5，X_1、X_3、X_4、X_5 进行回归，从回归结果发现，都不是理想模型。综上所述，选择 X_1、X_4 两个解释变量与被解释变量 Y 建立模型。

（三）回归方程的建立及结果的解释

建立长沙市商品房平均销售价格 Y、长沙市住宅投资额 X_1、长沙市第二产业增加值 X_4 的线性回归方程，回归结果如表 3-19 所示。

表 3-19　多元线性回归拟合

	回归系数	标准误	t 统计量	p 值
C	1494.359	70.54493	21.18308	0.0000
X_1	0.000217	9.33E-05	2.324090	0.0385
X_4	0.664355	0.269559	2.464602	0.0298
R^2	0.985966	因变量标准差		2993.255
Adjusted R^2	0.983627	因变量均值		1451.898
回归标准差	185.7813	AIC		13.46387
残差平方和	414176.3	SC		13.60548
对数似然比	-97.97905	HQC		13.46237
F 统计量	421.5297	D.W.		2.028483
p 值（F 统计量）	0.000000			

多元线性回归方程结果如下：

$$Y = 1494.359 + 0.000217X_1 + 0.664355X_4$$

一是拟合优度的分析。本模型中可决系数 $R^2 = 0.985966$，在用样本容量为 15 和自变量个数为 2 的数据进行调整后，得到修正的系数 $R^2 = 0.983627$，它表示长沙市商品房销售价格，能被长沙市住宅投资额 X_1 和长沙市第二产业增加值 X_4 的多元回归方程解释的比例为 98.3627%。估计标准误差为 185.7813，它反映的是用长沙市住宅投资额 X_1 和长沙市第二产业增加值 X_4 来预测长沙市商品房平均销售价格时，平均预测误差达到 185.7813 个百分点。

二是显著性分析。由表 3-18 的回归方差分析结果可见，β_1、β_2 对应的 p 值均小于 0.05，通过检验。因为之前各相关变量间存在多重共线性问题，剔除货币供应量、长沙市 GDP、全年城镇居民人均可支配收入额这三个变量后，就能保证长沙市商品房销售价格与长沙市住宅投资额 X_1、长沙市第二产业增加值 X_4 的关系显著。在得到的一元线性回归方程中，参数估计值 $\beta_1 = 0.000217$，$\beta_2 = 0.664355$。由回归分析结果给出 β_1 在 90% 的置信水平下的置信区间为（-21.489453，21.489453），这表明在长沙市第二产业增加值不变的条件下，长沙市住宅投资额 X_1 每增加 1 万元，长沙市商品房平均销售价格增加 0.000217 元。β_2 在 90% 的置信水平下的置信区间为（0.076980939，1.251724061），表示在长沙市住宅投资额不变的条件下，长沙市第二产业增加值 X_4 每增加 1 亿元，长沙市商品房平均销售价格增加 0.664355 元。由表 3-19 可知 D.W. 值为 2.028483，小于显著性水平为 5% 以下，样本容量为 15 的 D.W. 的值在 2 的附近。因此，可判定模型不存在序列相关性。对原模型进行 OLS 估计的结果进行怀特检验。$nR^2 = 6.354378$，在 5% 的显著性水平下不显著，拒绝同方差性这一假设，表明原模型确实存在异方差性。采用加权最小二乘法进行估计，得到加权后的结果。回归表达式为：

$$Y = 1527.844 + 0.000157X_1 + 0.822815X_4$$

通过上述方程显示，第二产业增加值对房价的影响最大，其次是投资规模。第二产业增加值每提高 1 个单位，房价对应增加 0.82285 个单位，这表明，在产业转型与产业集聚发展的过程中，第二产业增加值对房价有积极影响。此外，房地产投资额对房价有相同影响，一旦房地产投资规模增幅出现较大波动，将导致房价出现较大波动。但模型结果显示，贷款利率、货币供应量及城镇居民可支配收入对房价无显著影响。

四、主要结论与启示

基于上述研究，本研究认为要稳定房地产价格需要从以下几个方面着手：第一，大力扶持实体经济，加速产业结构优化与升级。城镇化建设是基于实体经济发展上的，住房建设要产生有效需求，则需要借助产业发展和产业结构优化；通过产业空心化和哄抬价格导致房地产泡沫而引致需求是缺乏稳定性和持续性的，因而打造一流的实体经济、培育经济增长的新亮点和优化产业结构是化解泡沫经济的最佳路径。第二，根据实际情况的不同，执行有区别的信贷政策。政策倾向于以下几点：一是刺激居民对于住房的刚性需求，通过适时、合理地对个人住房贷款的投放数量松绑；二是要避免银行信贷对房地产业资金的严重桎梏，根据经济增长情况，适当地扩大对房地产开发贷款的投放，另外，逐步降低融资门槛，鼓励开发商进行多元化的资金开发，如房地产信托、海外融资等渠道；三是要抬升房地产市场的投机成本，抑制投机需求。针对二套及以上的新购房行为，适当地提高贷款利率，引导购房者理性消费，进而稳定市场预期。对于住宅投资属性过重的问题，从长期上考虑可终止以限制购买、限制价格、限制贷款三方面为主的短期调控政策，可以借鉴"上海模式"房产税等方式进行转变来解决实际问题。同时，从财政、金融、房地产税制等方面进行系统化改革，加速住宅配套体制改革，在地方政府过度依赖房地产业的问题上进行有层次的处理，促进房地产价格回归到理性状态，营造稳定、健康和具有竞争力的房地产市场氛围。第三，合理引导国内外闲散资金的去向。政府应积极主动控制房地产贷款，抑制各种投机炒房行为，保持房价稳定，巩固调控成果。第四，大力推进我国房地产业改革，优化发展结构和增长模式。随着改革步伐的整体推进，逐步、温和地削减房地产业投资超额利润，从而合理控制各类闲散资金的流向，促进房价合理回归。

| 第四章 |

股权结构、投资行为与资本脱实向虚的理论机理

第一节 "虚""实"终极控制、两权分离与资本脱实向虚

一、"虚""实"终极控制、两权分离与代理成本——一个理论解析

上市公司终极控股股东、中小股东与公司管理者围绕两类代理问题进行利益博弈，包括上市公司对管理层的激励约束机制、终极控股股东对上市公司的掏空、大小股东对管理层的监督等，这个博弈过程涉及管理层和大股东自身的决策、大股东和管理层之间的博弈，如内部人合谋或控制权冲突，等等。

本研究构建一个两期动态博弈模型，管理者（m）、终极控股股东（co）、非控股股东（no）是博弈的参与人，终极控股股东的所有权为 c，控股股东拥有的控制权为 $c+d$，d 是所有权和控制权的分离度。在整个两期博弈过程中，管理者利用公司股东的物质资本并结合自身人力资本基础，为公司创造了价值 v。在第 0 期，管理者会利用自身的管理权从 v 中攫取一部分管理权私人收益 $e_d^m(\geqslant 0)$，这需要付出一个成本 $\frac{1}{2}(e_d^m)^2$。在第 1 期，控股股东采取行动对公司管理者进行监督，并利用自身的控制权攫取控制权私利 e_d^o，这需要付出

一个私人成本 $\frac{1}{2}(e_d^o)^2$。假设这两种私利是可观察但不可被第三方所证实，且终极控股股东的监督增加了管理者攫取私利被发现的可能性。在第 2 期，公司的剩余利润按照所有权比例在股东之间进行分配，控股股东得到的比例就是其在上市公司的现金流权比例 c，剩余的其他收益为非控股股东所得。为了模型的简化实用，博弈过程不涉及上市公司盈余管理问题，如图 4-1 所示。

图 4-1 管理者、控股股东、非控股股东收益攫取动态博弈

资料来源：笔者绘制。

如果终极控制人的控制权（$c+d$）很高，则他能自行决定其监管行动和私利攫取行动，如果其控制权较低，则在采取行动前，必须联盟其他中小股东。假设控股股东对于公司管理者的监管努力为 e_m^o，其监督成本为 $\frac{1}{2}(1+n)(e_m^o)^2$。其中，$n \equiv n(1-c-d)$，假设 $n(0)=0$，$n'>0$，$n''>0$，因为终极控股股东的控制权越大，其对管理层的监督成本越小。由于大股东有更多的控制权，他只需跟其他股东分享更少比例的私利。当然，如果大股东没有绝对的控制权，为了和其他股东联盟，他必须将其攫取的私利与支持他的其他非控股股东进行分享，为简化起见，本研究假定其分享给支持他的非控股股东私利占其攫取的全部私利的比例为 n。

再假定管理者攫取管理权私利被揭露的概率为 $p=e_m^o$，假定管理者攫取管理权私利的行为被发现，该部分私利将被返还给公司，公司不再追罚管理者。在此假定下，公司的预期剩余价值 RFV 是公司潜在价值 v 减去管理者和控股股东的私利价值，再加上管理者被控股股东监管发现后的追回价值，即：

$$RFV = v - e_d^o - (1-p)e_d^m \tag{4-1}$$

按照 Demsetz 和 Lehn 的做法，假定控股股东和管理者两类内部人的私人收益边际价值相等①，均为 $(1 + a)$。但由于经济分工的差异，虚拟行业相较于实体行业利润更高、流动性更强、回收周期更短和资本回报率更高，虚拟终极控制人 (V) 相较于实体终极控制人 (R) 来说更为趋利，因此，本研究进一步假定终极虚拟控制人私利攫取的边际价值高于实体终极控制人，即 $a_V > a_R$。那么，给定控股股东的监管努力，管理者的预期盈余为：

$$\pi^m = (1 + a)(1 - p)e_d^m - \frac{1}{2}(e_d^m)^2 \tag{4-2}$$

则终极控制人的收益为：

$$\pi^o = (1 + a)(1 - n)e_d^o + c(v - e_d^o - (1 - p)e_d^m) - \frac{1}{2}(1 + n)(e_m^o)^2 - \frac{1}{2}(e_d^o)^2 \tag{4-3}$$

在描述完公司内部人对控制权私利攫取以及大股东对管理者监督的基础上，本研究需求出这个博弈的子博弈完美纳什均衡来分析两类不同属性的终极控制人对上市公司绩效的影响。由于控制权私利攫取的成本和大股东对管理者监管成本被引入模型中，因此，可以从对管理层的监督差异和私利攫取差异等方面来分析两类终极控制人掏空上市公司的机会主义行为。在给定现金流权 c 和所有权控制权分离度 d 的情况下，可以求得子博弈完美纳什均衡解，管理者攫取私利的一阶条件为：

$$e_d^m = (1 + a)(1 - e_m^o) \tag{4-4}$$

控股股东的最优私利攫取和监管努力的一阶条件分别是：

$$e_d^o = (1 + a)(1 - n) - c \tag{4-5}$$

$$e_m^o = \frac{ce_d^m}{1 + n} \tag{4-6}$$

在此基础上可以进一步求得该博弈的子博弈纳什均衡为：

$$e_d^o = (1 + a)(1 - n) - c \tag{4-7}$$

$$e_d^m = \frac{(1 + n)(1 + a)}{(1 + n) + (1 + a)c} \tag{4-8}$$

---

① 在这里，a 测度了参与者攫取控制权私利的边际收益，也可以认为内部人私利攫取的效用增加值为 a。

$$e_m^o = \frac{c(1+a)}{1+n+(1+a)c} \qquad (4-9)$$

$$RFV_{sc} = v - ((1+a)(1-n)-c) - (1-p)\left(\frac{(1+a)(1+n)}{1+n+(1+a)c}\right)$$

$$(4-10)$$

求出博弈均衡解后，进行比较静态分析研究两权分离与企业价值之间的关系。容易证明 $\partial e_d^m/\partial a > 0$，$\partial e_d^o/\partial a > 0$，$\partial e_m^o/\partial a > 0$。结合 $a_V > a_R$ 的前提假设，得出虚拟终极控股股东把持的上市公司的终极控制人控制权私利、管理者的管理权私利，控股股东对管理者私利的监管力度都比实体终极控制人控制的上市公司水平高。由于虚拟终极控制人监管力度较高，虚拟终极控制人把持上市公司的管理者攫取管理权私利被发现的可能性更大，这类上市公司的管理者约束性变得更高。基于以上分析，本书提出：

假设4-1：在其他条件等同的情况下，相较于实体终极控制人把控上市公司的管理者私利，虚拟终极控制人把控上市公司管理者的管理权私利可能更高。

假设4-2：在其他条件等同的情况下，相较于实体终极控制人把控上市公司的控制权私利，虚拟终极控制人把控上市公司控股股东的控制权私利可能更高。

假设4-3：在其他条件等同的情况下，相较于实体终极控制人把控上市公司的控制权私利，虚拟终极控制人把控上市公司管理者被监督的力度更大，其约束性变更的可能性更高。

在均衡解式（4-7）～式（4-10）的基础上，进一步对两权分离度 d 进行求导：

$$\frac{\partial e_d^m}{\partial d} = \partial \frac{(1+a)(1+n)}{1+n+(1+a)c}/\partial d = \frac{-n'(1+a)^2 c}{(1+n+(1+a)c)^2} < 0 \qquad (4-11)$$

$$\frac{\partial e_d^o}{\partial d} = (1+a)n' > 0 \qquad (4-12)$$

将 $p = e_m^o$ 代入 RFV 中，由于 $p \in [0,1]$，得出：

$$\frac{\partial RFV}{\partial d} = -\frac{\partial e_d^o}{\partial d} - \frac{\partial(1-p)e_d^m}{\partial d} = (1+a)n'\left(-1 + \frac{2(1-p)p}{(1+n+(1+a)c)^2}\right) < 0$$

$$(4-13)$$

根据以上结果，可以得出：

假设 4-4a：在其他条件等同的情况下，终极控制人因金字塔持股导致的两权分离度越大，其把控的上市公司的管理权私利越低。

假设 4-4b：在其他条件等同的情况下，两权分离度越大，终极控制人的监管力度越高，管理者被替换的概率越大。

假设 4-5：在其他条件等同的情况下，终极控制人因金字塔持股导致的两权分离度越大，其自身攫取终极控制权私人收益的力度越大。

假设 4-6：在其他条件等同的情况下，终极控制人因金字塔持股导致的两权分离度越大，上市公司的价值越低。

本研究将假设 4-4 称为两权分离度的管理权私利抑制效应，将假设 4-5 称为两权分离度的控制权私利助长效应，将假设 4-6 界定为两权分离度的企业价值侵蚀效应。这三个假设在一定程度上反映了两权分离对企业价值的侵蚀机制：尽管终极所有权和控制权分离度的提高会降低管理者对上市公司的私利攫取，但会提高大股东的私利攫取水平，而且后者作用效果更大，导致两权分离度最终对企业价值产生侵蚀。

下文分析不同经济属性终极控制人的金字塔控股产生的两权分离度对企业价值侵蚀效应的差异。从理论判断来看，两权分离度对公司价值的侵蚀效应在不同终极控制属性下的金字塔结构会存在明显的差别。用内部人私利对两权分离度的偏导数对 a 进一步求偏导，可以得到：

$$\frac{\partial^2 e_d^m}{\partial d \partial a} = \frac{-2n'c(1+a)(1+n)}{(1+n+(1+a)c)^3} < 0 \tag{4-14}$$

$$\frac{\partial^2 e_d^o}{\partial d \partial a} = n' > 0 \tag{4-15}$$

再用 $\frac{\partial RFV}{\partial d}$ 对 a 做进一步的求偏导，可得：

$$\frac{\partial^2 RFV}{\partial d \partial a} = n'\left(-1 + 2c(1+n)(1+a)\frac{2(1+n+(1+a)c) - 3(1+a)c}{(1+n+(1+a)c)^4}\right) \tag{4-16}$$

由于 $(1+n+(1+a)c)^3 = ((1+n)^2+(1+a)^2c^2+2(1+n)+(1+a)c)(1+n+(1+a)c) > 3(1+n)+(1+a)c+(1+n)^3+(1+a)^2c^2(1+n) > 4c(1+n)(1+a)$，代入上式可得：

$$\frac{\partial^2 RFV}{\partial d\partial a} < 0 \qquad (4-17)$$

　　前面的假设已经证明两权分离度对管理权私利的抑制效应和对控制权私利的助长效应。结合式（4-14）和式（4-15）的分析结果，以及 $a_V > a_R$ 的前提，可以发现，与实体终极控制人控制上市公司两权分离度的管理权私利抑制效应相比，在虚拟终极控制人控股上市公司两权分离度的管理权私利抑制效应可能更大。因此，在给定两权分离度的条件下，如果一个行业控制权私利水平较高，则可能产生更为明显的私利攫取的抑制效应。而式（4-15）体现了两权分离度的负效应，即如果一个行业控制权私利水平较高，两权分离度更可能提升上市公司大股东的私利攫取水平，因此在给定两权分离度的情况下，在由虚拟终极控制人控制的上市公司中，本研究能观察到一个更大程度的控制权私利攫取水平。综合上述结果，可以得出：

　　假设4-7： 在其他条件等同的情况下，相较于两权分离对实体终极控制人把控上市公司的管理者私利抑制效应，在虚拟终极控制人把控的上市公司中，两权分离对管理权私利的抑制效应更高。

　　假设4-8： 在其他条件等同的情况下，相较于两权分离对实体终极控制人把控上市公司终极控制人的私利助长效应，在虚拟终极控制人把控上市公司中，两权分离对控制权私利的助长效应更高。

　　假设4-9： 在其他条件等同的情况下，相较于两权分离对实体终极控制人把控上市公司的价值侵蚀效应，在虚拟终极控制人把控的上市公司中，公司价值的侵蚀效应更大。

二、决策异化与资金空转——一个理论模型

　　上市公司作为生产组织的基本单位掌控着主要资本资源，因而其投资决策决定着社会主要资本流向。作为利润最大化目标的微观组织体，主营业务是企业盈利的主要渠道，但近年来，由于房地产市场与金融市场异常火爆，越来越多的企业开始从事房地产投资与金融资本投机，市场资金纷纷偏离主营业务目标流入房地产、金融等虚拟经济行业。特别是一些上市公司为了规避监管，纷纷设立子公司、联营或合营公司进行虚拟项目投资，成为"钱炒

钱"的主推手。从公司治理层面分析，上市公司管理架构主要由终极控股股东、中小股东与管理者三方构成，管理者组织实施公司具体业务的开展与管理，终极控股股东与中小股东通过所有权对企业进行把控。因而，终极控股股东与管理者根据控制权大小最终对企业投资决策形成控制。但在具体实施中，管理者往往具有更完备的企业经营、市场机会、行业发展及具体业务等私人信息，在制定投资决策时会将自身利益考虑进来，这就会产生第一类代理成本；而终极控股股东往往会利用控制权和所有权的不对等对中小股东利益侵蚀，产生高昂的第二类代理成本。基于第一类代理成本的产生，管理者并不会如实向终极控股股东汇报所掌握的全部信息，因此，在这种信息不对称条件下终极控股股东也无法做出最优的投资决策。

本研究构建基于终极控股股东、中小股东和管理层的三方博弈框架下的管理者决策与控股股东决策模型，分析管理权私利与控制权私利对企业虚拟项目投资决策的影响。基于公司治理的基本框架，提出以下基本假设：

（1）管理者私利存在。管理者掌握更多项目投资的私人信息，不会对股东如实反映所有信息；终极控股股东基于管理权私利导致信息不完全，需要支付第一类代理成本 Ac；两权分离存在，终极控股股东现金流权水平为 a，相应控制权水平为 ta，其中两权分离率 t 为控制权与现金流权之比，且 $t \geqslant 1$。

（2）π 为项目投资利润，控股股东侵占比例为 s，剩余用来股利分配部分为 $(1-s)\pi$；控股股东侵蚀成本函数为 $C = C(s, k, ta)$，s 表示侵蚀比例，k 表示内外部公司治理机制完善程度，ta 表示控制权水平。存在：$\partial C / \partial s > 0$，$\partial^2 C / \partial s^2 > 0$；$\partial C / \partial k > 0$；$\partial C / \partial t < 0$。

（3）实体企业从事房地产投资与金融资本投机设为虚拟项目投资 I_H，具有较高的风险和较高的收益即炒钱行为；而实体企业从事的其他主营业务设为实体经济项目投资 I_L，相较于虚拟项目投资具有较低的风险和较低的收益水平，项目收益 π 的概率密度为 $f(\pi \mid I)$，I_H 的期望收益 $E(\pi)$ 和方差 σ_π^2 均大于 I_L。

（一）管理者决策下的企业资金空转模型

假定上市公司管理者收入为 $\omega(\pi)$，主要包括工资、股权激励、绩效工资、奖金等。如果公司盈利上升，管理者激励也会提高，即 $\partial \omega(\pi) / \partial \pi > 0$。令虚拟项目投资和实体项目投资的期望收益为 $E(\pi_H)$ 和 $E(\pi_L)$，构建管理者收入目标函数：

$$\max_{\{I_H, I_L\}} \int \omega(\pi) f(\pi \mid I) d\pi$$

$$\text{s. t. } E(\pi_H) = \int \pi f(\pi \mid I_H) d\pi > \int \pi f(\pi \mid I_L) d\pi = E(\pi_L) > I \quad (4\text{-}18)$$

$$\int (\pi - E(\pi_H))^2 f(\pi \mid I_H) d\pi > \int (\pi - E(\pi_L))^2 f(\pi \mid I_L) d\pi \quad (4\text{-}19)$$

其中，式（4-18）和式（4-19）分别表示虚拟项目投资期望收益和实体项目投资风险情况。由于 $\partial\omega(\pi)/\partial\pi > 0$，$\partial\omega^2(\pi)/\partial\pi > 0$，当 $\pi > 0$ 时，令 $\omega(\pi) = \alpha\pi^2 + \beta\pi + \gamma$，则 $\alpha > 0$，$\beta > 0$。即使上市公司亏损，管理人员仍可以拿到工资，故当 $\pi < 0$ 时，有 $\omega(\pi) = \gamma$，且 $\gamma > 0$。由式（4-18）和式（4-19）可得：

$$\int \pi^2 f(\pi \mid I_H) d\pi > \int \pi^2 f(\pi \mid I_L) d\pi \quad (4\text{-}20)$$

由式（4-18）、式（4-19）和式（4-20）可得：

$$\int \omega(\pi) f(\pi \mid I_H) d\pi > \int \omega(\pi) f(\pi \mid I_L) d\pi \quad (4\text{-}21)$$

从式（4-21）可以看出，管理者决策权越大，信息不对称程度越严重，上市公司管理者代理成本（Ac）越高，管理者越倾向于冒险投资，选择高风险虚拟项目投资的意愿越强，资金空转率越高；反之，如果上市公司集权程度越高，终极控股股东对管理者监督就越严格，股东与管理层的信息不对称程度减弱，代理成本因此也相对较低。特别是在家族控股的上市公司中，管理者多是家族企业内部成员，因而降低了管理者的决策权力，减少了代理成本。据此，本书提出以下假设：

假设 4-10：在其他条件不变的情况下，上市公司管理者私利越大，表明管理者决策权越高，上市公司通过子公司、联营或合营公司进行虚拟项目投资越厉害，上市资金空转程度越严重。

（二）终极控股股东决策下的企业资金空转模型

由于两权分离存在，终极控股股东可以通过经营决策侵蚀中小股东权利。一般而言，终极控制权越高，终极控股股东对中小股东的利益侵占越严重；公司内部治理和监督机制越完善，终极控股股东侵蚀中小股东利益的难度越大。本研究参考俞红海等（2010）的研究，可设定上市公司终极控股股东侵蚀中小股东的成本函数为：

$$C(s, k, ta) = ks^2/2ta \tag{4-22}$$

由于管理者与股东之间第一类代理成本的存在，终极控股股东无法避免这种由信息不对称做出最终投资决策产生的损失。这种代理成本的高低与信息不对称程度成正比。假设这种由信息不对称造成的决策损失为 Ac，用管理者所获得的非正常私人收益表示。假定终极控制股东风险厌恶，其对收入的效用函数为 $U(W)$，则 $\partial U/\partial W>0$，$\partial^2 U/\partial W^2<0$，则终极控股股东投资决策的目标函数可以定义为：

$$\max_{\{I_H, I_L\}} \int U[a(1-s)\pi + s\pi - (ks^2/2ta)\pi - Ac^*\pi]f(\pi \mid I)d\pi \tag{4-23}$$

$$\text{s.t.} \int [a(1-s)\pi + s\pi - (ks^2/2ta)\pi - Ac^*\pi]f(\pi \mid I)d\pi > aI \tag{4-24}$$

令 $\Omega = a(1-s) + s - ks^2/2ta - Ac$，则式（4-23）变为：

$$\max_{\{I_H, I_L\}} \int U(\Omega\pi)f(\pi \mid I)d\pi \tag{4-25}$$

将 $U(\Omega\pi)$ 在 $\pi = 0$ 处进行二阶泰勒近似，可得：

$$U(\Omega\pi) = \Omega U'(0)\pi + \Omega^2 U''(0)\pi^2/2 + \Delta \tag{4-26}$$

其中，Δ 为 π 的高阶无穷小量，由于 $U'(0)$ 和 $U''(0)$ 均为常量，且有 $U'(0)>0$，$U''(0)<0$，故可令 $U'(0)=\delta$，$U''(0)=-\eta$，其中 $\delta > 0$ 且 $\eta > 0$，则可得：

$$U(\Omega\pi) \approx \Omega\delta\pi - \Omega^2\eta\pi^2/2 \tag{4-27}$$

对终极控股股东而言，选择虚拟经济项目投资和实体经济项目投资的效用函数分别为：

$$U_H = \Omega\delta E(\pi_H) - \Omega^2\eta/2\int\pi^2 f(\pi \mid I_H)d\pi \tag{4-28}$$

$$U_L = \Omega\delta E(\pi_L) - \Omega^2\eta/2\int\pi^2 f(\pi \mid I_L)d\pi \tag{4-29}$$

则虚拟项目投资和实体项目投资给终极控股股东所带来的效用之差为：

$$\Delta U = U_H - U_L = \Omega\delta[E(\pi_H) - E(\pi_L)] - \Omega^2\eta/2\left[\int\pi^2 f(\pi \mid I_H)d\pi - \int\pi^2 f(\pi \mid I_L)d\pi\right] \tag{4-30}$$

从式（4-30）中可以看出，对于终极控股股东，其投资决策的关键因素为两种项目投资的期望收益差和风险方差大小。分别令 ΔPro、$\Delta Risk$ 为实体项目投资和虚拟项目投资的期望收益差和投资风险差，则式（4-30）变为：

$$\Delta U = U_H - U_L = \Omega \delta \Delta \mathrm{Pro} - \Omega^2 \eta / 2 \Delta Risk \tag{4-31}$$

在一般的经济社会中，企业所掌控的固定资产或金融资产价格受资产定价和金融市场中多种不确定性因素影响，项目投资的期望收益及风险方差大小随资产价格波动而波动，因而，在经济顺周期与经济逆周期中期望收益与风险方差变动受资产价格变动的影响不一致，为研究更为一般意义的虚拟经济项目投资和实体经济项目投资，本研究分宏观经济顺周期与经济逆周期对终极控股股东决策下的资金空转进行讨论。

1. 经济顺周期

在经济顺周期中，经济预期良好，投资和需求的上升推动资产价格增长，企业可供抵押的资产总值不断增加，实体经济项目收益因此而攀升，此时，缩小了实体项目投资和虚拟项目投资的收益差距；实体项目投资风险相比虚拟项目投资风险要低。因此，在期望收益相同的情况下，控股股东更加看重风险因素，即在式（4-31）中，等式右边的主导因素为风险因素，则有：

$$\Delta U \propto - \Omega^2 \eta / 2 \Delta Risk \tag{4-32}$$

从式（4-32）中可以看出，顺周期时冒险投资决策与 Ω^2 成反比，由 $\Omega = a(1-s) + s - ks^2/2ta - Ac$ 可知：

$$\partial \Omega^2 / \partial t = \Omega ks^2 / ta^2 > 0 \tag{4-33}$$

$$\partial \Omega^2 / \partial Ac = -2\Omega < 0 \tag{4-34}$$

$$\partial \Omega^2 / \partial s = 2\Omega[-a + 1 - ks/ta] \tag{4-35}$$

通过式（4-32）、式（4-33）和式（4-34）可以看出，顺周期中终极控制股东对虚拟项目投资的偏好与两权分离率成反比，与上市公司的代理成本成正比，而在式（4-35）中无法判断上市公司顺周期中虚拟项目投资偏好与大股东侵蚀中小股东利益的关系。通过经济顺周期终极股东投资决策可以看出，终极控股股东更倾向于保守的投资策略，更愿意投资实体经济而不愿意投资虚拟经济进行资金炒作，这种偏好随终极控股股东控制权的提升而提升，随信息不对称程度的增加而降低。据此，本书提出以下假设：

假设 4-11：顺周期中，终极控股股东对中小股东权益的侵蚀比例不会影响终极控股股东选择投资虚拟经济项目还是实体经济项目的决策；管理者代理成本越高，股东的信息越不完全，终极控股股东的高风险厌恶程度越低，上市公司虚拟项目投资比例越小，资金空转程度越高；其他条件不变的情况下，上市公司两权分离率越高，终极股东的控制权越大，上市公司投资虚拟经济比例越小，资金空转程度越低。

2. 经济逆周期

在经济逆周期中，经济预期下降，投资与需求都会减少，此时政府会放出降低抵押信贷系数（杠杆率）的信号，而金融市场作为先期反应部门会快速做出下降的反应，代理人可供抵押的资产价值大大缩水，因此，实体项目投资与虚拟项目投资出现双重缩水并会产生巨大的综合螺旋式收缩效应。一旦经济预期出现严重萧条，凯恩斯流动性陷阱会因此出现。特别是2007年开始的美国经济危机将多国经济带入极度萧条状态。为准确分析经济周期各阶段特征，本研究进一步将经济逆周期分为一般萧条的经济逆周期与严重萧条的经济逆周期。

（1）一般萧条的经济逆周期。一般萧条的经济逆周期中，投资和需求增速下滑，资产价格不同程度地缩水，实体经济经营相对困难。对企业而言，从事实体项目投资和虚拟项目投资所带来的风险差距不大，由于实体项目投资回收期长，因而投资虚拟经济项目期望收益要高于实体经济项目。在经济萧条期，特别是中小企业从银行融资的门槛高、难度大，而规模较大的上市公司由于社会名声、企业影响力以及上市公司地位使它们相较于中小企业更容易从银行获得贷款。且在经济逆周期中，消费和出口双双疲软，从事实体经营风险加大，因此上市公司更愿意通过虚拟项目投资获得更高的收益。在经济逆周期中，上市公司决策行为在式（4-31）中得到体现，主导等式右边的因素为收益因素，则有：

$$\Delta U \propto \Omega \delta \Delta Pro \tag{4-36}$$

由 $\Omega = a(1-s) + s - ks^2/2ta - Ac$ 可知：

$$\partial \Omega / \partial t = ks^2/2at^2 > 0 \tag{4-37}$$

$$\partial \Omega / \partial Ac = -1 < 0 \tag{4-38}$$

$$\partial \Omega / \partial s = -a + 1 - ks/ta \tag{4-39}$$

通过式（4-37）、式（4-38）和式（4-39）可以看出，在一般萧条的经济逆周期中，终极控股股东对虚拟项目投资的偏好与股东两权分离率成正比，与上市公司第一类代理成本成反比。同顺周期一样，逆周期中依然无法判断控制权私利对终极控股股东虚拟项目投资决策的影响。

（2）严重萧条的经济逆周期。严重萧条的经济逆周期被定义为金融危机期，假定经济除受本身经济下行周期的影响外，还受到外部经济危机的冲击，经济预期陷入低谷，呈现凯恩斯流动性陷阱状态，企业经营状况恶劣，普遍处于亏损状态，金融系统性风险加剧，实体项目投资机会欠佳。对管理者而言，由于企业亏损仍然能够获得 $\omega(\pi)=\gamma$ 的固定收入，因此管理者更加倾向于虚拟项目投资，通过房地产开发投资及金融短期资本炒作来获取收益。对终极控股股东而言，由于 $\pi<0$，导致终极控股股东极端厌恶风险，因此更倾向于采取保守战略，通过压缩投资、降低管理成本来减少企业亏损，而不会选择虚拟项目投资。因此，终极控股股东控制权越高，企业虚拟项目投资比例越低。

综上所述，终极控股股东投资决策时，在一般萧条的逆周期中倾向于冒进的投资策略，即更愿意投资虚拟经济从事资金炒作而不愿意投资实体经济，这种偏好随终极控股股东控制权的提高而增加，随信息不对称程度的降低而增加；但在严重萧条的经济逆周期中，面对更为复杂的经济形势和上升的系统性风险，此时终极控股股东不愿意进行任何投资，更不愿意进行资本投机炒作。根据以上分析结果，提出以下假设：

假设4-12：在经济逆周期中，终极控股股东对中小股东权益的侵蚀比例不会影响终极控股股东对虚拟经济和实体经济的投资选择；管理者代理成本越高，控股股东信息越不完全，同时，终极控股股东的高收益偏好程度越低，上市公司投资虚拟项目的比例越少。因而，终极控股股东决策偏好削弱了代理成本对上市公司资金空转的程度。在严重萧条的经济逆周期中，在其他条件不变的情况下，两权分离率越高，终极控股股东的控制权越高，上市公司投资虚拟项目的资金比例越少，资金空转程度越低。

（三）终极控股股东与管理者附和决策的资金空转模型

管理者决策与终极控股股东决策是企业投资决策中两种最典型且为极端的情形，一般而言，企业管理者、终极控股股东以及中小股东在决策中是相互影响、相互附和的。管理者决策中会采取一系列行动想方设法掩盖自己的私人目的而影响终极控股股东决策，相反终极控股股东也会采取一些行动说服中小股东，在相对分歧不大的情况下也不会公然反对管理者的决策倾向，总的决策为三者趋于相互影响、相互附和的结果。因此，终极控股股东与管理者附和决策的模型更具有一般性。假定管理者行动的成本为 γ，项目投资成功的收益为 τ，且 γ 和 τ 都是随机和不确定的。$\tau > 0$ 意味着管理者促成项目成功能够提升企业价值，$\gamma < 0$ 意味着管理者在努力促成项目投资成功的过程中能够获取私人收益。项目开始前终极控股股东具有实际决策权，并约定在项目成功时给予管理者激励收益 R_b。则管理者提议实施行动的条件为：

$$\tau R_b - \gamma \geqslant 0 \tag{4-40}$$

实际上，管理者在执行决策时可以获得行动和私人收益分布特征 $\{\tau, \gamma\}$，但终极控股股东无法知晓这些信息。面对这种情况，他们会选择性地接受管理者的提议。虽然他们无法得知更多的信息，但是知道管理者行动提议必然满足管理者的个人理性。因此，终极控股股东附和管理者提议的条件为：

$$E(\tau \mid \tau R_b - \gamma \geqslant 0) \geqslant 0 \tag{4-41}$$

从式（4-41）中可以看出，上市公司实际决策权属于终极控股股东还是管理者取决于管理者与股东利益的一致性。一般而言，上市公司对管理者的激励机制越强，管理者实际决策的可能性就越大。

本研究分别构建了上市公司在管理者决策、终极控股股东决策与二者附和决策下的投资模型，分析了管理者与终极控股股东两权分离的两类代理成本对投资决策的影响，并将不同经济周期中资产价格变化差异纳入理论分析框架，分别探讨了经济顺周期与经济逆周期中管理者、控股股东以及中小股东对上市公司虚拟项目投资决策的影响机制。

第二节　过度融资、挤出效应与资本脱实向虚

本节主要从微观视角探讨资本脱实向虚的金融投机行为。该部分主要以非金融非房地产上市公司为研究对象，分析其金融投机动机及对非上市公司的融资挤出效应。

一、经营风险上升与企业过度融资需求

经济新常态中，企业经营风险上升导致了企业资本流动性紧缺。此时，上市公司则会通过借贷来实现公司保值（Tirole，2007）。假定企业持续经营，受到流动性冲击后需要 ρI 的现金注入（I 为初始投资金额），如果没有 ρI 的现金注入，企业将会面临破产清算。假定 ρ 为连续分布，密度函数为 $f(\rho)$，分布函数为 $F(\rho)$。企业收入为 RI，企业股东选择卸责时私人收益为 BI。对企业来说，必然存在某个临界值 $\bar{\rho}$，当且仅当 $\rho > \bar{\rho}$ 时，企业选择破产清算，则受到流动性冲击时企业净现值（NPV）为正的条件为：

$$\max_{\bar{\rho}}\left\{ F(\bar{\rho})P_H R - 1 - \int_0^{\bar{\rho}} \rho f(\rho) d\rho \right\} > 0 \tag{4-42}$$

由于借款人与放贷者信息不对称，借款人可以选择懈怠或者冒进投资的道德风险行为来获得私人收益，假定道德风险为借款人带来的私人收益为 BI。此时项目成功的概率从 P_H 降为 P_L，并令 $\Delta P = P_H - P_L$。存在一个最后的临界值 ρ^*，当且仅当 $\rho \leq \rho^*$ 时，企业才会继续经营，此时对股东的激励约束与不存在流动性冲击时相同（Fazzari，Hubbard and Petersen，1998）。即：

$$(\Delta P)R_b \geq BI \tag{4-43}$$

其中，R_b 为企业即借款人的收益，由于存在连续的流动性冲击，盈亏相抵条件有细微变化：

$$F(\rho^*)[P_H(RI - R_b)] \geq I - A + \int_0^{\rho^*} \rho f(\rho) d\rho \tag{4-44}$$

式（4-44）意味着只有企业持续经营时，投资者才能得到回报，概率为 $F(\rho^*)$，A 为自有资金。从式（4-43）和式（4-44）可以导出企业最优投资规模为：

$$I = k(\rho^*)A \tag{4-45}$$

$$k(\rho^*) = \cfrac{1}{1 + \displaystyle\int_0^{\rho^*} \rho f(\rho) d\rho - F(\rho^*)\rho_0} \tag{4-46}$$

其中，$\rho_0 = P_H(R - B/\Delta P)$ 为预期每单位可保证收入。由于投资者是互相竞争的，因此投资者没有利润，故股东借款的净效用为项目社会剩余，即：

$$U_b = \left[F(\rho^*) P_H R - 1 - \int_0^{\rho^*} \rho f(\rho) \, d\rho \right] k(\rho^*) A \qquad (4\text{-}47)$$

当且仅当持续经营时才是事后有效率的，即当且仅当 $\rho \leq P_H R$ 时，持续经营才是合理的。在 $\rho^* = P_H R$ 时，乘数 k 会随着 ρ^* 的递增而递减，故应该选择一个比事后有效率临界值更低的临界值，由式（4-46）和式（4-47）可得：

$$U_b = \frac{P_H R - \left(1 + \int_0^{\rho^*} \rho f(\rho) \, d\rho\right) / F(\rho^*)}{\left(1 + \int_0^{\rho^*} \rho f(\rho) \, d\rho\right) / F(\rho^*) - P_H (R - B/\Delta P)} A \qquad (4\text{-}48)$$

因此，最优临界值可以使得有效投资预期单位成本 $c(\rho^*)$ 最小，即：

$$\rho^* \text{ 最小化 } c(\rho^*) \equiv \frac{1 + \int_0^{\rho} \rho f(\rho) \, d\rho}{F(\rho^*)} \qquad (4\text{-}49)$$

$$\int_0^{\rho^*} \rho f(\rho) \, d\rho = 1 \qquad (4\text{-}50)$$

通过分部积分，求得：

$$c(\rho^*) \equiv \rho^* + \frac{1 - \int_0^{\rho} \rho f(\rho) \, d\rho}{F(\rho^*)} \qquad (4\text{-}51)$$

式（4-51）说明，在最优时，临界流动性冲击等于有效投资预期单位成本，即：

$$c(\rho^*) \equiv \rho^* \qquad (4\text{-}52)$$

结合式（4-48）可得：

$$U_b = \frac{\rho_1 - \rho^*}{\rho^* - \rho_0} A \qquad (4\text{-}53)$$

因为临界值 ρ^* 依赖风险管理政策，如果采取保值措施，上述结论是成立的。即在风险增大时，企业为了应对经营风险上升而进行额外融资对企业保值。如果企业不保值时，临界值就变得随机了，假定收入受到冲击为 εI，冲击为正意味着收入增加，冲击为负意味着收入降低。$\varepsilon = 0$ 时的临界值 ρ^*，对任意收入冲击 ε，企业可抵挡流动性冲击 ρ 需满足：

$$\rho + \varepsilon \leq \rho^* \qquad (4\text{-}54)$$

当企业不选择额外融资对企业进行保值时，企业效用变为：

$$\overline{U_b} \equiv \frac{\rho_1 - \bar{c}(\rho^*)}{\bar{c}(\rho^*) - \rho_0} A \tag{4-55}$$

$$\bar{c}(\rho^*) \equiv \frac{1 + E_\varepsilon \left[\int_0^{\rho^* - \varepsilon} \rho f(\rho) d\rho \right]}{E_\varepsilon \left[F(\rho^* - \varepsilon) \right]} A \tag{4-56}$$

式（4-56）中，E_ε 为对 ε 求期望。根据 Arrow-Pratt 测度可知，对每一个 ρ^*，存在一个 $\bar{\rho}$，使得 $c(\bar{\rho}) \leqslant \bar{c}(\rho^*)$，由此可推出：

$$U_b \geqslant \overline{U_b} \tag{4-57}$$

可以看出，企业面临经营风险增加时会通过增加银行信贷来对企业价值进行保值，以最大化企业价值。这种融资需求仅为应对企业面临的经营风险，与企业投资机会没有直接关系。经营风险、流动性冲击造成了企业保值融资需求，产生了上市公司过度融资行为。据此，本书提出以下假设：

假设 4-13：在其他条件不变的情况下，经营风险上升导致企业流动性趋紧，上市公司过度融资行为加剧。

二、过度融资行为与二元市场的挤出效应

上市公司外源融资需求主要由企业投资成长机会与企业留存收益决定。但在面对经营风险以及流动性冲击时，企业为获得最大效用，不得不通过增加外部借款对企业进行保值，产生企业额外的外源融资需求（Tirole，2007）。另外，基于二元融资市场中上市公司和非上市公司融资能力差异，部分利益集团通过专业借道银行体系套取资金，渗透进入民间金融以赚取利率差价（吕劲松，2015），同时，上市公司过度融资的非理性行为，对经济社会资源的有效配置产生严重的阻碍作用，另外上市公司终极控制人手中拥有较大权力，其为获得大于企业本身所能创造的价值而做出风险较高的投资决策（冉宜峰，2020），例如，上市公司也会利用这种投资机会进行金融投机，从而增加上市公司过度融资需求。上市公司过度融资需求（Excess External Financing，EEF）表现为企业实际外源融资（$REF_{i,t}$）与正常外源融资（$A_{i,t}$）的差额：

$$EEF_{i,\,t} = REF_{i,\,t} - A_{i,\,t} \tag{4-58}$$

考虑到上市公司公开信息披露更加充分，企业资产规模较大，市场占有率和影响率较高以及在正规金融融资更具有优势，因此，相比非上市公司而言，上市公司更容易从正规金融获得融资。假定在不存在过度融资条件下，第 i 个上市公司第 t 年对外融资规模为 $A_{i,t}$，则上市公司总体融资规模为：

$$A_{normal,\,t} = \sum\nolimits_{i=1}^{N} A_{i,\,t} \tag{4-59}$$

其中，N 为上市公司数量，令 j 个中小企业外源融资规模为 $B_{j,t}$，则非上市公司融资规模为：

$$B_{normal,\,t} = \sum\nolimits_{i=1}^{n} B_{i,\,t} \tag{4-60}$$

则第 t 年上市公司和非上市公司融资规模 M_t 为：

$$M_t = A_{normal,\,t} + B_{normal,\,t} \tag{4-61}$$

由式（4-58）可知，存在过度融资的条件下，第 i 个上市公司第 t 年的实际融资为：

$$REF_{i,\,t} = EEF_{i,\,t} + A_{i,\,t} \tag{4-62}$$

则第 t 年外源融资总规模 M_t 为：

$$M_t = A_t + \sum\nolimits_{i=1}^{N} EEFR_{i,\,t} + \left(B_t - \sum\nolimits_{i=1}^{N} EEFR_{i,\,t} \right) \tag{4-63}$$

故第 t 年上市公司实际融资变为：

$$B_{real,\,t} = B_t - \sum\nolimits_{i=1}^{N} EEFR_{i,\,t} \tag{4-64}$$

上市公司外源融资被挤占额为：

$$B_{Crowd,\,t} = B_{real,\,t} - B_t = \sum\nolimits_{i=1}^{N} EEFR_{i,\,t} \tag{4-65}$$

通过上文分析可知，上市公司为了应对经营风险和金融投机会导致上市公司过度融资，令上市公司风险应对 $Risk_{i,t}$ 和金融投机 $IF_{i,t}$ 对过度融资的影响系数分为 $\alpha_{i,t}$ 和 $\beta_{i,t}$，则第 i 个上市公司第 t 年的额外融资额为：

$$EEFR_{i,\,t} = \alpha_{i,\,t} Risk_{i,\,t} + \beta_{i,\,t} IF_{i,\,t} + \Delta_{i,\,t} \tag{4-66}$$

其中，$\Delta_{i,t}$ 为影响额外融资的其他因素，则式（4-65）变为：

$$B_{Crowd,\,t} = \sum\nolimits_{i=1}^{N} \alpha_{i,\,t} Risk_{i,\,t} + \sum\nolimits_{i=1}^{N} \beta_{i,\,t} IF_{i,\,t} + \sum\nolimits_{i=1}^{N} \Delta_{i,\,t} \tag{4-67}$$

由式（4-67）可知，第 i 个上市公司第 t 年风险应对和金融投机对上市公司融资挤占效应分别为：

$$\frac{\partial B_{Crowd,\,t}}{\partial Risk_{i,\,t}} = \alpha_{i,\,t} > 0 \tag{4-68}$$

$$\frac{\partial B_{Crowd,\,t}}{\partial IF_{i,\,t}} = \beta_{i,\,t} > 0 \tag{4-69}$$

由式（4-68）和式（4-69）可知，上市公司应对经营风险和金融投机会造成非上市公司外源融资挤占，导致了融资市场的结构性短缺，加剧了二元融资市场资本价格歧视，非上市公司融资价格高企，面临融资难与融资贵的双重困境（吕劲松，2015），经营风险增加助长了上市公司过度融资行为，形成了强烈的挤出效应。据此，本书提出以下假设：

假设 4-14：在其他条件不变的情况下，上市公司过度融资挤占非上市公司融资空间，在经济新常态中挤出效应更为明显。

三、过度融资行为与企业资本脱实向虚

由式（4-65）可知，二元融资市场的挤出效应对非上市公司形成了融资饥渴，相反却给上市公司创造了更好的套利机会。相比非上市公司，上市公司可抵押资产规模更大、可利用公开信息更多、声誉更好，因而更容易从银行取得贷款。假定 H 公司为规模较大的上市公司，L 公司为跟 H 公司有业务往来的下游小规模非上市公司。L 公司需要支付资金 W 给 H 公司以购买物资材料或设备等，L 公司选择一年期银行贷款以满足经营需要。由于非上市公司信息不透明程度较低、可利用信息较少，故银行给予 L 公司贷款利息为 R_L。对 L 公司而言，从银行贷款成本 C_L 为：

$$C_L = W \times R_L \tag{4-70}$$

上市公司由于声誉较好、可利用信息较多，因此 H 公司能够以较低的利率 R_H 从银行获得贷款，并有 $R_H < R_L$。由于 H 公司与 L 公司有业务往来，因此，H 公司相比银行而言，掌握更多 L 公司的非公开信息，另外，在 L 公司破产时，H 公司更容易用预收账款抵扣债务以及 L 公司清算资产利用更加有效，使得不对称信息所造成的债务风险对 H 公司而言相比银行较低，因此，对 H 公司愿意以低于 R_L 的利率 R_{idle} 向 L 公司提供贷款。H 公司选择向银行一年期贷款 W，付出的贷款成本为：

$$C_H = W \times R_H \tag{4-71}$$

H公司选择高于 R_H 的利率 R_{idle} 将一年期贷款转贷给 L 公司，由于：

$$C_H = W \times R_H < W \times R_{idle} \text{ 且 } C_L = W \times R_L > W \times R_{idle} \tag{4-72}$$

从式（4-72）可知，H 公司将银行贷款转贷给 L 公司有利可图而且能够被 L 公司接受。但是中国人民银行颁布的《贷款通则》规定："企业借贷合同违反有关金融法规，属无效合同。"由于 H 公司并非金融行业公司，故不能直接向 L 公司进行贷款。H 公司通过设立金融行业子公司 M 从事金融借贷业务，H 公司将银行贷款 W 注资给 M 公司，M 公司将资金 W 转贷给 L 公司。上市公司正常资本需求的影响因素主要是现金流和投资机会，即具有增长机会和盈利能力经营业务的投资，特指上市公司实体经济投资。上市公司主要通过企业现金流管理应对经营风险，考虑到上市公司交易性金融资产、可供出售金融资产都是短期的金融产品投资，故交易性金融资产、可供出售金融资产持有决策是上市公司现金流管理决策而非金融投机决策，因此，会通过应对经营风险机制来影响上市公司过度融资行为。

资本脱实向虚是指上市公司利用银行融资优势及非上市公司信息优势进行过度融资，融资的目的并非投资于企业主营业务，而是投资于与自身主营业务无关的虚拟经济的投资，投资的目的也并非增加主营业务而是金融套利。因此，上市公司通过设立金融子公司、联营及合营金融公司，纷纷将从正规金融市场融资的资金绕过实体经济，通过信贷业务再次发放给非上市公司，形成了资本脱实向虚（张成思、张步昙，2015）。可见，二元融资市场套利机会的增加反过来又刺激了上市公司过度融资的动机，进一步引发资本市场下一轮二元市场的价格歧视，陷入经营风险上升—上市公司过度融资—二元市场价格歧视—上市公司再度过度融资的恶性循环。因此，本书提出以下假设：

假设 4-15：在其他条件不变的情况下，二元融资市场金融套利机会增加，资本脱实向虚行为的金融投机导致的上市公司过度融资行为加剧。

经济新常态中，一方面，实体企业投资收益率不高、资金周转速度放慢，企业偿债风险加大，不良贷款余额与不良贷款坏账率"双升"，因此，投资实体经济风险增大；另一方面，商业银行基于流动性考虑，融资准入与抵押质押率门槛都会做相应调整，非上市公司从正规渠道融资更加艰难，非上市公司融资市场供需矛盾更加突出。许多上市公司寄生于二元融资市场的利益集团甚至资金掮客等，专业借道银行体系套取资金谋取巨大利差，为融资饥渴的虚拟经济投资提供了资金源（吕劲松，2015；邱杨茜等，2012），为此政府出台了一系列应对措施，例如地方政府债务扩张、严格审批上市公司融资方式等，但通过实证分析发现：地方政府债务扩张对上市公司融资约束力并未得到有效控制，私有控股的上市公司通过深化融资结构调整规避了政府债务融资对其的"挤出效应"（昌忠泽等，2022）。究其本质，相较于投资实体经济，虚拟经济投资具有收益高、见效快的特点，因此，经济处于下行阶段，上市公司对实体投资关注度下降，虚拟投资增加幅度远远大于实体经济投资，资本脱实向虚行为加剧。因此，本研究提出以下假设：

假设 4-16：其他条件不变的情况下，经济新常态下参与金融投机的上市公司对实体经济投资关注度下降，虚拟投资增长大于实体投资增长，资本脱实向虚行为更加明显。

第三节　中国资本脱实向虚问题的进一步讨论

股权集中的金字塔控制模式会损害中小股东的利益，也会制约虚拟经济和实体经济的耦合发展。本章主要从两个方面对终极控制、两权分离与虚实分离发展展开分析：一是构建了一个基于（终极）控股股东、中小股东和管理者三方博弈的理论模型，分析了终极控制人由于金字塔持股导致的两权分离度对两类代理成本和企业价值的不同经济效应，以及在上市公司层面所引致的虚拟经济和实体经济分离发展的机制；二是构建了上市公司在管理者决策、终极控股股东决策与二者附和决策的投资模型，分析了管理者与终极控股股东两权分离的两类代理成本对投资决策的影响，并将不同经济周期中资产价格变化差异纳入理论分析框架，分别探讨了基于经济顺周期与经济逆周期下管理者、控股股东以及中小股东对上市公司虚拟项目投资决策影响机制，从微观视角探究了企业资金空转的行为机理，主要引出了以下问题和得出了以下结论：

一、中国虚拟经济脱离实体经济是经济规律还是虚拟经济发展问题

自 2007 年美国金融危机爆发至今，中国一直承受欧美再工业化冲击、经济转型升级、中等收入陷阱等诸多风险。特别是当前中国行业收益率差距过大，虚拟经济和实体经济出现明显背离现象。虚拟经济在经济中占据主导地位，服务实体经济的初衷被丢弃，虚拟经济俘获了实体经济发展，高通胀、高成本、高负债笼罩着实体经济环境，实体经济发展成为虚拟经济扩张膨胀的噱头，主辅关系发生颠覆。在这种背景下，如何认识和治理虚拟经济和实体经济分离发展成为中国当前面临的难题。本书从上市公司层面分析了终极控制人由于金字塔持股导致的两权分离度对两类代理成本和企业价值的不同经济效应，发现上市公司终极控制人利用金字塔持股导致的两权分离对企业价值的侵蚀效应，以及"虚拟终极控制人"和"实体终极控制人"的控制权私利攫取差异，这从微观视角为中国虚拟经济和实体经济分离发展提供了新的经验证据。因为，终极控股主体因其虚拟经济和实体经济属性不同，其对上市公司的掏空力度和投资收益也就不同，进而反映在中国虚拟经济和实体经济主体之间收益率的差异，从而在微观层面导致了实体经济和虚拟经济的分离发展。刘骏民和伍超明（2004）认为，股票市场与实体经济发生背离主要源自虚拟经济收益率和实体经济收益率的差异，而收益率差异在于实体经济结构与股市结构不对称，这种非对称性归结为中国资本市场体制改革滞后。本书深入到更微观层面，从上市公司终极控制人视角揭示了"虚""实"经济主体间控制权收益率差异的根本原因。但中国实体经济持续低迷、高利贷现象的滋生、"钱炒钱"现象普遍，各种问题的出现是经济周期波动所致还是虚拟经济自身问题所致值得商酌。

二、如何治理虚拟终极控制人两类代理问题是现代经济学的新难题

本书从上市公司"虚""实"终极控制人两类代理成本视角给出了虚拟

经济与实体经济分离发展的解释：一方面以金融集团与资产管理公司为代表的虚拟终极控制人隐藏在上市公司金字塔结构控制着实体企业，借助其在资本运营上的优势，为企业优化资源配置、降低信息不对称、提高运行效率做出了巨大贡献，这是经济进步的体现，是专业化分工的结果。但另一方面虚拟终极控制人也借此通过交叉持股、金字塔结构和发行复式表决权等虚拟运作手段，以较大的控制杠杆和较小的现金流权对公司进行完整控制，使企业控制权和现金流权偏离，产生第二类代理成本，加大了金融风险。在金字塔组织的掩护下，虚拟终极控制人凭借虚拟资本的控制和操控能力，通过股票关联交易、内幕交易、定向发行稀释性股权、渐进式收购等资本运作手段，转移公司资产并吞并控制权私有收益。这种隧道特征的机会主义侵蚀企业价值，致使虚拟经济和实体投资收益率差距拉大。由于激励不相容存在，虚拟终极控股股东凭借其对幕后交易，能够从企业负收益项目中获得寻租带来的高回报，因而偏向于对自身有利的虚拟经济项目进行过度投资，而对一些虽然具有正收益但不能产生私利的实体经济项目投资不足，造成公司的投资结构扭曲与效率损失。另外，虚拟终极控制人不重视企业的研发投入，也缺乏持续高水平投资创新的动力，主要通过激进的营销策略来获取短期收益，将主要精力和资源向高利润的房地产、金融行业等虚拟经济领域倾斜。虚拟终极控制人的这些机会主义行为使上市公司资金从实体经济流出，滞留实体外部市场，使资金在虚拟经济体系内部空转，在金融机构间形成"钱炒钱"现象，虚拟经济领域挤占实体经济所需资金，损害实体经济发展。目前，中国实体经济和虚拟经济主体的分工范围在不断拓宽，上市公司终极控制人有从虚拟化发展的趋势，控制中国上市公司的资本从实体经济领域向虚拟经济领域转移成为当前经济治理的难题。

具体来说，相较于实体经济主体，虚拟经济主体能凭借其金字塔控股产生"一股一票"的偏离，实体经济的业务倾向于被忽略，而在虚拟经济领域投资过度；况且他们具备股权并购、提高固定资产与无形资产资本投入的能力，在公司项目选择、营销与创新战略的制定以及规模扩张等方面做出不利于中小股东的决策。虚拟终极控制人努力将个人风险不断外部化，攫取远超现金流权比例的超额收益。这种虚拟终极控制人的自利动机降低了上市公司资本配置绩效，不仅引致投资结构异化，更在整体经济层面加剧了虚拟经济脱离实体经济发展的轨道。此外，还有研究发现，虚拟终极控制人为尽可能地减少攫取私利时对自身产生的不良影响，还会策略性地将业绩不佳的公司置于金字塔的底层，故意扩大虚拟经济和实体经济间的组织距离，使虚拟经济为实体经济服务的初衷发生偏离，对实体经济发展产生更大的负面影响。当今面对虚拟终极控制人管控和治理所产生的两类代理问题，将如何改进治理方式，达到更好的治理效果是现代经济学迫切需要探讨的问题。

三、中国实体终极控制人的保护："资金"和"机制"谁更有效

本书研究发现，保护实体终极控制人的利益成为防范虚拟经济脱离实体经济发展的关键。实体终极控制人为企业提供技术支持和战略支撑的意愿更强，更注重企业的持续发展和永续经营。他们通常通过踏实推进和拓宽上市公司的实体业务而提升效益，不偏好于侵害上市公司的投机主义和套利行为。实体终极控制股票持有人会长期、固定地持有股票，不会因为股票价格的变动忽而买入忽而卖出去投机套利，也不会因为公司没有分红、业绩恶化而出售股份。他们不是控制不同行业或不同专业的上市公司使公司实施多元化经营，而是倾向于通过金字塔持股积聚、同专业的或控股同行上市公司，对公司实施更为专业化的经营策略。此外，实体终极控制人更符合 Jensen 和 Meck-ling（1976）所提出的利益协同假说，相比偏好于虚拟价值投资的中小股东，实体终极控制人在价值观层面与实体企业经营具有更高的一致性，经营中不仅会克制委托代理的第二类代理成本产生，并且在公司危难时会反哺实体公司，为公司提供更好的生存资源。特别是当公司陷入财务困境、面临破产清算时，实体终极控制人通过金字塔持股结构为上市公司提供有效的资金支持，避免上市公司破产，保护中小股东利益。但是，中国是有着特殊历史背景的国家，改革的逻辑由高度集中的计划经济体制向市场经济转轨，推行自上而下的改革方式，股权结构高度集中，政企关系错综复杂，因而，政府在保护实体终极控制人的同时是选择更多的资金和政策支持还是建立激励相容的机制，这需要进一步探究。

第五章

股权结构、投资行为与资本脱实向虚的实证检验

第一节 "虚""实"终极控制、两权分离与资本脱实向虚的实证分析

一、样本数据来源

本研究选取 2006～2013 年 A 股上市公司作为样本，按以下程序筛选：①剔除 ST 与 PT 企业；②去除公司治理数据缺失样本；③将 0～1% 与 99%～100% 的连续变量进行 Winsorize 处理以降低极端值的影响。共得到 11909 个样本观测值，公司财务及公司治理数据分别来自 CCER 和 CSMAR 数据库，管理层权力数据、实际控制人属性及控制链条特征数据来自年报手工查询。市场化指数等相关数据来自樊纲等编制的《中国市场化指数》。此外，根据研究需要，剔除了不能正常采集到和个别含有极端值的高管变更样本。

二、变量选取与说明

在实证过程中，将虚拟终极控制人设为 1，实体终极控制人设为 0。另外，实证研究还涉及对两类代理成本和金字塔控股导致的两权分离的测度，按照如下方法进行度量：

（1）管理权私利（*Pbm*）。借鉴已有文献的做法，管理权私利包括货币性私利和非货币性私利两部分（吕长江、赵宇恒，2007），采用非正常的高管薪酬来度量货币性管理权私利，采用管理层的实际薪酬减去由经济因素产生的高管预期正常薪酬表示（Firth，2006；Core et al.，2008）。本研究借鉴权小峰和吴世农（2010）的估算模型进行估算：

$$\text{Ln}Pay_{it} = \alpha_0 + \beta_1 \text{Ln}Size_{it} + \beta_2 Roa_{it} + \beta_3 Roa_{it-1} + \beta_4 Central_{it} + \beta_5 West_{it} +$$
$$\sum Industry + \sum Year + \varepsilon_{it} \tag{5-1}$$

其中，$\text{Ln}Pay_{it}$ 指上市公司薪酬最高的三个管理者薪酬之和，$\text{Ln}Size_{it}$ 是公司总资产的自然对数，Roa_{it} 是公司当年的会计业绩，Roa_{it-1} 则是上一年度公司会计业绩。为控制上市公司因总部所处地区带来的管理层薪酬差异，引入虚拟变量 $Central_{it}$ 和 $West_{it}$，分别指该上市公司总部在中部、西部。回归时对行业和年份进行控制。按这种方法可以得到高管正常薪酬的估计值，然后用实际的高管薪酬减去正常薪酬的估计值即可得到非正常的高管薪酬，即管理层私利。

除货币性私利以外，对于管理权私利中的非货币性私利部分，本研究用管理层在职消费减去由经济因素产生的高管预期正常的在职消费表示非正常的高管在职消费。高管预期正常的在职消费用模型（5-2）估计：

$$\frac{Gov_{it}}{Size_{it-1}} = \alpha_0 + \beta_1 \frac{1}{Size_{it-1}} + \beta_2 \frac{\Delta Sale_{it}}{Size_{it-1}} +$$
$$\beta_3 \frac{\Delta Ppe_{it}}{Size_{it-1}} + \beta_4 \frac{Inve_{it}}{Size_{it-1}} + \beta_5 \text{Ln}Employe_{it} + \varepsilon_{it} \tag{5-2}$$

其中，Gov 为高管正常在职消费，用管理费用减去高管、董事及监事会成员薪酬、计提的坏账准备、存货跌价准备以及该年无形资产摊销额等不列入在职消费项目后的余额表示；$\Delta Sale$ 为主营业务收入的变动额；$Size$ 为期末总资产，Ppe 为本期厂房、财产与设备等固定资产净值；$Inve$ 为存货总额；$\text{Ln}Employee$ 是企业雇佣员工总数的自然对数。先对样本企业分行业、分年度回归，得到的因变量预测值代表高管正常的在职消费，而高管非正常的在职消费就是高管实际在职消费减去正常在职消费。

（2）控制权私利（*Lnzjj*）。本研究借鉴高雷和宋顺林（2006）的做法，用控股股东资金占用衡量控股股东控制权私利。数据通过整理年报附注"关联方关系及其交易"中控股股东和上市公司间的关联交易产生应收应付款项年末余额所得。控股股东占用上市公司资金额通过预付账款、应收账款、其他应收款和其他长期应收款四个会计科目体现。上市公司占用控股股东资金则通过预收账款、应付账款、其他应付款和其他长期应付款四个会计科目表示。控股股东对上市公司的资金净占用额用上市公司向控股股东借出资金扣除从控股股东借入资金得到，即：

控制权私利 =（预付账款+应收账款+其他应收账款+其他长期应收款）－
（预收账款+应付账款+其他应付账款+其他长期应付款）

特别指出，本研究将控股股东的资金占用表示为第一大股东终极控制者所控制其他公司与上市公司间的资金占用。为规避极端值的影响，本研究对控股股东资金净占用额做了对数处理。

（3）高管变更（Boa）。高管变更为上市公司高级管理人员离任或继任的总称，可分为非约束性变更和约束性变更。前者被界定为由年龄、健康等原因导致的离职行为，后者定义为由于公司业绩，由公司治理机制中控制权主体进行战略调整导致的高管升迁或离任（马磊等，2008）。按照上市公司披露情况，选择因被直接解聘和因涉案的高管约束性变更情况作为因变量，样本数据主要来自 Wind 和 CSMAR 数据库，本研究通过公司年报和公司公告等公开资料进行验证。

（4）两权分离度（Dc）。本研究用终极控制权减去终极现金流权的差来衡量两权分离度。其中，终极控制权用控制链上最弱的投票权相加，计算公式为 $CONT = \sum_{i=1}^{N} \min(a_{it})$。其中，$a_{i1}$，$\cdots$，$a_{it}$ 为第 i 条控制链上所有链之间的控股比例。本研究将控股股东的现金流权表示为控制性股东持有上市公司累积控制链所有权权益比例，其中该条控制链的所有链上控股股东各层持股比例的乘积表示各控制链顶端对终端上市公司所有权权益比例。具体为 $CASH = \sum_{i=1}^{N} \prod_{t=1}^{t} a_{it}$。

（5）其他变量。对于文中涉及企业绩效的度量，本研究用净资产收益率和总资产收益率来代替。另外，根据实证研究需要，并参考已有文献的做法（高雷和宋顺林，2006），本研究控制了企业规模（$Size$）、财务杠杆（Lev）、企业成长性（Tag）、独立董事规模（Nib）、股东大会出席率（Nsm）和第二到第五大股东的持股之和（*Cr5*）等指标。其中用企业年末总资产的对数度量企业规模，用企业的资产负债比度量财务杠杆，用公司总资产增长率度量企业成长性，用董事会中独立董事的数量度量独立董事规模。

三、计量方法选择

本研究主要采用面板数据分析方法来估计参数。因为在上市公司年报收集终极控股股东对金字塔持股结构的构建和管理、上市公司管理层管理权私利攫取和经营管理等数据过程中，不可避免地存在相关变量遗漏问题；同时，在计算企业管理权私利、控制权私利、两权分离度的过程中也可能存在不完全等价于企业管理权私利、控制权私利、两权分离度的情况，它们仅是关于管理层和控股股东的近似度量，终极控制人属性的统计也存在相同的问题，观测变量可能存在误差。而遗漏变量所描述的个体特征通常与解释变量相关性较高，在混合数据或截面数据中，会产生误差项的序列相关和异方差，通过 OLS 或 GLS 等方法得到的估计值是有偏的，不具有一致性。因而，采用面板数据能够有效降低由遗漏变量引起的内生性问题，具有一定优势。

四、实证结果与分析

（一）描述性统计和相关性分析

本研究对涉及的变量进行相关性分析，发现绝大多数变量的相关性不强，因此，将这几对变量进行多变量回归分析，纳入计量模型，如表 5-1 所示。

表 5-1　主要变量相关性统计

	Lnzjj	Pbm	Boa	Roe	Dc	Vor	Nsm	Size	Lev	Tag
Pbm	0.1321 *									
Boa	-0.0104	-0.0331								
Roe	-0.0253 *	-0.0152	-0.0041 *							

续表

	Lnzjj	Pbm	Boa	Roe	Dc	Vor	Nsm	Size	Lev	Tag
Dc	0.0211	0.0262	0.0132	-0.0113						
Vor	0.0412	0.0051	0.0341*	0.0102	-0.2943*					
Nsm	0.0324	0.0594*	0.0452*	0.0021	0.0191	-0.0221				
Size	0.4062*	0.2642*	-0.0224	0.0064	-0.0383*	0.2742*	0.0293*			
Lev	0.0251	-0.0183	0.0044	0.0963*	-0.0112	0.0111	0.0022	0.0080		
Tag	0.0173	0.0162	0.0171	-0.0021	-0.0024	-0.0043	0.0061	0.0103	-0.0021	
Cr5	-0.0222	0.0451*	-0.0332*	-0.0064	0.0801*	0.0733*	-0.0040	0.1412*	-0.0052	0.0283*

注：*表示在10%的水平下显著。

从相关性分析结果可以看出，管理权私利与控制权私利显著正相关，说明终极控制人与管理层之间的控制权利益冲突不明显，可能因为：一是控制权私利弱化了大股东对经理的监督积极性；二是大股东出于与经理"共谋"的需要，弱化对经理的监督。而控制权私利和管理权私利都与企业绩效负相关，这为私利的企业价值侵蚀提供了证据，特别是终极控制权私利与企业绩效负相关，说明大股东的利益侵占明显导致了公司价值的损失。此外，终极控制人类型与控制权私利和管理权私利正相关，说明虚拟终极控制人把控上市公司的代理成本可能更高。终极控制人类型与企业高管变更正相关，说明虚拟终极控制人对高管的监管力度更大，发现高管代理问题出现的概率更高。

本研究通过组间均值检验的方法粗略地对假设4-1、假设4-2、假设4-3进行实证检验，如表5-2所示。可以看出，在层层追溯上市公司终极所有权和控制权，并将终极控制人分成虚拟终极控制人和实体终极控制人的基础上，两类终极控制人把持的上市公司控制权私利、管理权私利和高管变更程度在均值方面存在明显差异，虚拟终极控制人把持上市公司的私利攫取水平和高管变更程度都明显高于实体终极控制人把持的上市公司，支持了这三个理论假设。但由于简单的均值比较可能会遗漏许多重要结果，为更准确地考察控股股东选择金字塔股权结构影响的因素，下文将进行回归分析。

表 5-2　各变量组间均值比较

变量	实体终极控制			虚拟终极控制			均值差异
	均值	最小值	最大值	均值	最小值	最大值	（p 值）
pbm1	12.7071	6.8182	17.5693	12.7182	4.3990	16.4413	0.01500
Pbm2	12.7452	4.9841	17.5692	12.7622	4.9253	16.4572	<0.0100
Boa	0.1392	0	1.0000	0.1633	0	1.0000	<0.0010
Mag	0.1513	0	1.0000	0.1993	0	1.0000	0.1500
Lnzjj1	18.2771	0	23.1321	18.4021	9.9753	23.8173	0.0100
Lnzjj2	18.2334	0	23.1323	18.2363	8.6044	23.8242	0.0150

资料来源：笔者整理。

（二）实证分析

本研究进一步用计量模型来检验两权分离度和终极控制类型对上市公司内部人私利和企业价值的影响。为检验假设 4-4、假设 4-5、假设 4-6，本研究将管理权私利、控制权私利、高管约束性变更和企业绩效分别作为因变量，将两权分离度 Dc，终极控制人属性 Vor，以及二者的交互项 $Dc \times Vor$ 纳入实证模型当中，模型设置形式如下：

$$Y_{it} = \alpha_0 + \beta_1 Dc_{it} + \beta_2 Vor_{it} + \beta_3 Dc_{it} \times Vor_{it} + \gamma_1 Size_{it} + \gamma_2 Lev_{it} + \gamma_3 Tag_{it} +$$

$$\gamma_4 Nsm_{it} + \gamma_5 CR5_{it} + \gamma_6 Nib_{it} + \sum Industry + \sum Year + \varepsilon_{it} \qquad (5-3)$$

根据实证研究需要，Y_{it} 可以指代管理权私利、控制权私利、高管约束性变更和企业价值，借鉴已有的实证文献，本研究控制了企业规模（$Size$）、财务杠杆（Lev）、股东大会出席率（Nsm）、第二到第五大股东的持股之和（$Cr5$）、企业成长性（Tag）、独立董事规模（Nib）等相关指标，另外，也对年份哑变量和行业哑变量进行了控制，如表 5-3 所示。

结果显示，不同经济属性终极控制人控制下的上市公司内部人私利攫取存在较为明显的差异。终极控制人类型哑变量在各个模型中的系数都显著为正，假设 4-1、假设 4-2、假设 4-3 得到验证，说明在虚拟终极控制人的金字塔持股组织中，管理权私利、控制权私利水平都比实体终极控制人金字塔持股组织的私利水平更高，高管因攫取管理权私利被发现的可能性也更大。两权

表 5-3 实证估计结果

因变量 模型	管理权私利 (1)	管理权私利 (2)	控制权私利 (3)	控制权私利 (4)	控制权私利 (5)	高管变更 (6)	高管变更 (7)	企业价值 (8)	企业价值 (9)
$Size$	0.2691*** (29.5301)	0.0962*** (12.7422)	0.5792*** (51.1903)	0.6081*** (50.1432)	-0.0281** (-2.9622)	-0.0582*** (-5.7621)	-0.0592*** (-5.7841)	0.0951*** (5.3032)	0.2043*** (11.1900)
Lev	-0.0010 (-0.0443)	0.0021 (0.4422)	0.0211 (1.9303)	0.0230* (1.9901)	0.0042 (0.4530)	0.0043 (0.4302)	0.0042 (0.4530)	-0.0271** (-2.8433)	-0.0043 (-0.3621)
Tag	-0.0063 (-0.6620)	-0.0052 (-1.2502)	0.0052 (0.4708)	0.0034 (0.2441)	0.0181 (1.9343)	0.0171 (1.7802)	0.0172 (1.8040)	-0.0201* (-2.0600)	0.0092 (0.8770)
Nsm	-0.0162 (-1.8824)	0.0012 (0.0831)	-0.0051 (-0.4842)	-0.0151 (-1.2712)	0.0552*** (6.0111)	0.0651*** (6.9442)	0.0651*** (6.8633)	-0.0102 (-0.8732)	-0.0103 (-0.8332)
$Cr5$	0.0713*** (8.0403)	-0.0062 (-0.7741)	-0.0223 (-1.9443)	-0.0142 (-1.1722)	-0.0212* (-2.3412)	0.0043 (0.4731)	0.0012 (0.1523)	-0.0512** (-2.2931)	0.4533*** (20.3742)
Nib	0.0241** (2.6831)	0.0332*** (4.8722)	-0.0204 (-1.7432)	-0.0132 (-1.1313)	-0.0183 (-1.8942)	-0.0242* (-2.4532)	-0.0232* (-2.4034)	0.0313 (1.8921)	0.0122 (0.7322)
Dc	-0.0212* (-2.3706)	-0.0192* (-2.0504)	0.0261* (2.3621)	0.0090 (0.6240)	0.0134 (1.4133)		0.0281** (2.8440)	-0.0371 (-1.8226)	-0.0033 (-0.1331)
Vor		0.0552*** (4.9000)		0.1034*** (6.90)		0.0562*** (5.76)	0.0641*** (6.18)		

续表

因变量	管理权私利		控制权私利		高管变更			企业价值	
模型	(1)	(2)	(3)	(4)	(5)	(6)	(7)	(8)	(9)
$Dc \times Vor$		-0.0222^{*}		0.0051					-0.0613^{**}
		(-2.2704)		(0.3430)					(-2.9223)
Industry	control	control	control	control	control	control	control	control	control
Year	control	control	control	control	control	control	control	control	control
Region	control	control	control	control	control	control	control	control	control
N	11990	11157	11146	11068	11246	11990	11157	11990	11157

注：表中报告的系数已经进行了标准化处理，（ ）内为 t 值，***、**、* 分别表示在 1%、5%、10% 水平下显著。

资料来源：笔者基于 Stata 软件估计得出。

分离度与管理权私利显著负相关，而与高管约束性变更程度显著正相关，说明中国金字塔持股结构中的两权分离度的管理权私利抑制效应明显，这一结果支持了研究假设4-4；而两权分离度与控制权私利显著正相关，支持了研究假设4-5，佐证了中国金字塔控股组织的两权分离度的控制权私利助长效应；两权分离度与企业价值负相关，符合假设4-6，凸显了中国金字塔控股组织的两权分离度对企业价值的侵蚀效应。

另外，从两权分离度与终极控制人类型哑变量交互项的实证结果来看，交互项与管理权私利显著负相关，与控制权私利正相关，但不显著，与企业价值显著负相关。基本上验证了研究假设4-7、假设4-8、假设4-9。相较于两权分离对实体终极控制人把控上市公司的管理者私利抑制效应、控制权私利攫取效应和企业价值侵蚀效应，在虚拟终极控制人把控的上市公司中，两权分离的管理者私利抑制效应、控制权私利攫取效应和企业价值侵蚀效应更大。进一步从实证层面刻画了不同经济属性终极控制人控制上市公司两权分离度的经济效应差异。

最后，从控制变量的结果来看，企业规模越大，上市公司管理权私利和控制权私利被谋取的可能性越高，高管约束性变更可能性反而越低。上市公司负债水平与管理权私利不相关，与控股股东的控制权私利显著正相关，说明负债水平对上市公司两类内部人的代理成本的治理效果不明显，反而像冯旭楠（2012）所指出的那样，上市公司的负债未发挥债务的治理效应，反而扩大了上市公司可以控制的资源范围，为终极控制人的掏空行为提供便利。股东大会出席率对高管的约束性变更存在较为明显的负面影响，与企业价值和终极控制权私利相关性不强，说明股东大会对上市公司管理层的治理效果较为有效，但是这种治理措施并没有延伸到第二类代理问题。从实证结果也可以看出，股权制衡度与控制权私利显著负相关，与企业价值显著正相关，说明其他大股东的股权制衡度发挥了其应有的治理效应，抑制了终极控股股东对上市公司的掏空，从而也提升了企业价值。独立董事规模与管理权私利显著正相关，与控制权私利负相关，与企业价值存在较为明显的正相关性，这体现了独立董事对代理成本的"两面性"，独立董事监管机制对第一类代理成本的监督效应不足，但是对终极控股股东的掏空行为所产生的第二类代理成本产生了明显的制约，而且后者的作用效果更大，从而在上市公司层面使独立董事制度发挥了较为明显的治理效应。

(三) 稳健性检验

为使上述回归结论可靠性更强，本研究进行了一系列稳健性检验。首先剔除外资控股、集体控股、社会团体控股、职工持股会控股的样本数据，这些样本数据只占全部样本数据的3.08%。鉴于终极控制人属性可能对企业价值和两类代理成本存在滞后影响，即当期的终极控制人类型可能对企业未来绩效和代理成本产生更为明显的影响，本研究用 (t-1) 期终极控制人类型与 t 期企业绩效和两类代理成本以及高管变更之间的关系进行稳健性测试。另外，本研究用控制杠杆来代替两权分离度，具体采用控制权与现金流权之间的差额/现金流权表示。用企业的长期绩效指标 Tobin's Q 作为代理变量，来检验企业绩效的实证结果的稳健性。对于管理权私利，仅用非货币性私有收益来代替管理权私利，以此来做稳健性检验（限于篇幅，部分结果未列示）。而对于控制权私利，蒋荣和刘星 (2010) 认为，大股东和上市公司间的关联交易并非低效率或完全无效率，企业是一种与市场相对应并节约交易费用的制度安排，母子公司间的正常交易有利于降低交易成本，应收账款大多属于生产经营性占用，用来反映大股东控制权私利可能会有很大的噪声。因此，参考他们的做法，本研究将大股东控制权私利用最终控制人及其子公司占用上市公司的其他应收款净额衡量，并标准化其年末总资产。即：

大股东资金净占用率=(大股东年末占用上市公司的其他应收款−上市公司年末占用大股东的其他应付款) /上市公司年末总资产

对于高管变更的回归结果，郝云宏和任国良 (2010) 认为，在中国国企改革的过程中，许多职业经理是由政府任命的管理者逐步演化而来，由此带来任命到期、重新委派、政治因素等问题，这些问题使自愿变更和非自愿变更变得更加模糊，而人为区分也不能较精确地描述中国上市公司高管变更问题。因此，本研究借鉴他们的做法，不再区分自愿变更和非自愿变更，用高管变更的数据作为高管约束性变更的代理变量来进行稳健性检验。在这些替代变量的基础上，对实证结果进行了稳健性检验。

从稳健性检验的结果来看，大部分实证结果是稳健的，尽管控制杠杆与管理权私利之间的负相关关系不显著，但是将终极控制人类型滞后项以及终极控制人类型滞后项与控制杠杆的交互项纳入模型后，发现假设4-1、假设 4-4、假设 4-7 依然显著成立。另外,稳健性结果发现两权分离度与终极控制权私利显著正相关,但是将终极控制人类型滞后项以及终极控制人类型滞后项与控制杠杆的交互项纳入模型后发现二者的系数为正,没有通过显著性检验,假设 4-2、假设 4-5、假设 4-8 得到了进一步的实证支撑。将控制杠杆和终极控制人类型的滞后项纳入模型,验证二者对管理者变更的影响,发现实证结果依然显著。将控制杠杆和终极控制类型滞后项与控制杠杆之间的交互项纳入模型,将企业 *Roe* 作为因变量,检验两权分离度对上市公司的价值侵蚀效应以及终极控制人类型对价值侵蚀效应的作用结果,发现控制杠杆与企业绩效负相关,但不显著,交互项与企业绩效显著负相关,说明假设 4-3、假设 4-6、假设 4-9 依然成立。

第二节 两权分离、代理成本与资金空转的实证分析

一、数据选取与处理

本节主要研究非房地产与非金融上市企业经营房地产以及金融资本投机业务的资金空转行为。本研究选取 2007~2015 年 A 股上市公司为样本,按以下程序进行筛选:①剔除 ST 与 PT 企业样本;②剔除房地产和金融企业样本;③删除上市公司前三名高管薪酬以及董事、监事、经理人薪酬缺失数据样本;④为降低极端值与异常值多样本的影响,对上市公司关联交易数据、管理者非正常私人收益数据分别做 Winsorize 处理,删除最小与最大 1%的样本数据。总共得到 4304 个有效样本,其中上市公司财务数据包括资产负债、利润及公司治理数据直接从 CSMAR 数据库得到,市场化指数等相关数据来自樊纲等编制的《中国市场化指数》;上市公司实际控制关系、金字塔控制机构数据从巨潮网站上市公司年报手工整理所得。运用 datamining 分别对上市公司、子公司、联营及合营公司业务性质进行分类,并获得其经营房地产开发及进行金

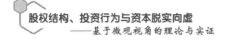

股权结构、投资行为与资本脱实向虚
——基于微观视角的理论与实证

融资本投机业务数据。

二、变量选取

本部分主要研究上市公司终极控制权私利与管理权私利对企业投资决策导致的资金空转行为，因此选取投资决策、两权分离率、大股东侵蚀资金比例、管理者代理成本率等作为关键变量。

（一）因变量

资金空转率。非房地产与非金融上市公司从事房地产开发与金融资本投机是上市公司资金空转的两种主要途径。因此，本研究采用上市公司对从事房地产开发与金融资本投机行业子公司、联营或合营企业的持股总额表示该上市公司虚拟项目投资规模（Virtual Investment）。为考虑可比性，用虚拟项目投资总额占总资产（Asset）的比率（Virtual Investment Rate，VIR）表示上市公司资金空转率（Virr）。

（二）自变量

（1）两权分离率（Separation Rate of Control and Cash Rights，Scc）。两权分离率是指实际控制人通过多种链条控制上市公司投票权比率与上市公司实际持股比率的比值，即上市公司终极控制人实际控制权与现金流权的比例。本研究根据 Lucian Bebchuk 等（1999）的方法，将终极控制人对上市公司现金流权视为控制链条中各层级现金流权比例的乘积之和，终极控制人对上市公司终极控制权等于控制链条中各个层级的现金流权比例的最小值。

（2）大股东侵蚀资金比例（Rate of Erosion Capital，Ec）。大股东通常通过利用上市公司实际控制权制定各种经营决策来侵蚀小股东利益，即第二类代理成本。借鉴文春晖等（2015）的做法，用控股股东通过关联交易占用上市公司资金占总资产的比率表示大股东侵蚀资金比例。控股股东侵占资金主要通过应收账款、预付账款、应收票据、其他应收款账户来体现，上市公司资金侵占总额用关联交易的应收账款净额、预付账款净额、应收票据净额和其他应收款净额综合表示，用侵占总额占上市公司总资产的比表示大股东侵蚀资金比例。

（3）管理者代理成本（Agency Cost of Manager，Acm）。管理者通常通过

侵占公司权益以获得非正常私人收益来衡量第一类代理成本。获得非正常私人收益越高，代理成本就越高，因此，管理者代理成本与管理者决策权高低、股东与管理者间信息不对称程度相关。管理者非正常私人收益主要包括非正常货币性收益和非正常非货币性收益两种。非正常货币性收益是指管理者通过制定普遍高于行业平均水平的工资报酬来体现。本研究参考权小峰等（2010）对管理者的非正常货币性收益估计方法：

$$LnPay_{it} = \alpha_0 + \beta_1 LnAsset_{it} + \beta_2 LnNetprofit_{it} + \beta_3 LnNetprofit_{it-1} +$$
$$\beta_4 Province_{it} + \beta_5 Industry + \beta_6 Year + \varepsilon_{it} \qquad (5-4)$$

其中，$LnPay_{it}$ 指上市公司 i 第 t 期薪酬最高的三个管理者薪酬之和的自然对数，$LnAsset_{it}$ 是上市公司 i 第 t 期总资产的自然对数，$LnNetprofit_{it}$ 是上市公司 i 第 t 期净利润的自然对数。控制变量 $Province$、$Industry$、$Year$ 分别表示上市公司所在省份、所处行业以及相对应的年份。通过回归估算出上市公司管理者正常货币收益，用最高的三个管理者薪酬之和减去计算所得的正常货币性收益得到管理者的非正常货币收益。

借鉴 Luoeta（2009）的方法，管理者非正常非货币性收益通过管理者的非正常管理费体现，用管理层在职消费与由经济因素决定的高管预期正常在职消费之间的差额表示。高管预期正常的在职消费水平用以下模型估计：

$$LnGov_{it} = \alpha_0 + \beta_1 LnAsset_{it} + \beta_2 LnRevenue_{it} + \beta_3 LnNetasset_{it} +$$
$$\beta_4 LnInventory_{it} + \beta_5 Employee_{it} + \varepsilon_{it} \qquad (5-5)$$

其中，$LnGov_{it}$ 为上市公司 i 第 t 期管理者在职消费的自然对数，用上市公司当年管理费用减去董事、高管以及监事会成员薪酬、长期待摊费用等不属于在职消费项目后的金额表示；$LnRevenue_{it}$ 为上市公司 i 第 t 期主营业务收入的自然对数；$LnNetasset_{it}$ 为上市公司 i 第 t 期固定资产净额的自然对数；$LnInventory_{it}$ 为当年存货总额的自然对数；$Employee_{it}$ 为上市公司当年雇佣员工总数。通过模型回归得到因变量预测值即表示管理者正常在职消费，用实际在职消费与正常在职消费相减得到管理者非正常在职消费。

（三）其他控制变量

考虑上市公司异质性受地区、行业及企业所有制性质的影响，本研究选取企业所在省份、上市公司所处行业、企业控股股东属性作为其他控制变量，其中，企业所处行业按照中国证券监督管理委员会对上市公司从 A-S 的分类标准。企业控股股东属性按照最终控制人属性划分为国有企业和非国有企业；此外，本研究还对上市公司年龄进行控制，按上市公司成立到会计统计期的年限计算。

三、实证模型设定

本研究主要通过分析终极控制权私利与管理权私利对上市公司虚拟项目投资决策的影响来研究资金空转问题。考虑到企业的异质性，本研究将地区差异、所有权属性差异、行业差异、年龄等变量加以控制，建立动态面板数据模型：

$$Virr_{i,\,t} = \beta_0 + \beta_1 Sccr_{i,\,t} + \beta_2 Ecr_{i,\,t} + \beta_3 Acmr_{i,\,t} + \beta_4 \mathrm{Ln}Age + \beta_5 d_{pro} + \beta_6 d_{ex} +$$
$$\beta_7 d_{ind} + \beta_8 d_{state} + u_i + u_{i,\,t} \qquad\qquad (5\text{-}6)$$

其中，$Virr_{i,\,t}$ 代表上市公司 i 在 t 年虚拟项目投资总额与上市公司总资产的比率，包括从事房地产开发和金融资本投机的子公司、联营及合营公司的投资总额；$Sccr_{i,\,t}$ 表示上市公司 i 在 t 年的两权分离率；$Ecr_{i,\,t}$ 是上市公司 i 在 t 年的控股股东侵蚀上市公司资金比例，用来衡量企业第二类代理成本大小；$Acmr_{i,\,t}$ 是上市公司 i 在 t 年的管理者非正常收益，用来衡量上市公司第一类代理成本大小；$\mathrm{Ln}Age$ 是上市公司年龄的对数变量，控制上市公司年龄异质性对企业产出效率的影响；d_{pro}、d_{ind}、d_{state} 分别表示上市公司所在省份、所属行业以及是否为国有企业等控制变量，反映上市公司异质性对企业产出效率的影响；u_i 是反映上市公司个体差异的随机干扰项，$u_{i,\,t}$ 是所有上市公司所有年份的随机扰动项。

四、实证结果

（一）变量描述性统计

在 4304 个有效样本中，总共包含 1656 家非金融与非房地产开发上市公司。其中有 253 家企业通过子公司、联营及合营公司从事房地产开发业务，有 1388 家企业通过子公司、联营及合营公司从事金融资本投机业务，有 15 家企业既从事房地产开发业务又从事金融资本投机业务。2015 年深沪主板市场上市公司总数为2827家，有57.5%的非房地产与非金融行业上市公司从事房地产开发业务及金融资本投机业务。本研究将关键变量进行描述性统计，结果如表5-4所示。

表5-4　主要变量描述性统计

变量	样本数	平均值	标准差	最小值	最大值
现金流权（%）	4304	37.12	19.09	1.02	100.00
终极控制权（%）	4304	42.72	16.58	8.12	100.00
两权分离率（Scc）	4304	1.41	0.95	1.00	10.18
总资产对数（Ln_Asset）	4304	22.25	1.37	16.70	27.55
空转资金对数（$Ln\_Virtual$）	4304	16.97	2.18	-0.24	22.84
管理者私利对数（Ln_Acm）	4304	16.91	2.73	6.98	23.56
大股东侵蚀资金对数（Ln_Ec）	4304	16.74	2.69	-2.81	25.70
上市公司年龄（Age）	4304	14.49	4.94	1.00	35.00
上市公司所有权性质（$Owner\ Type$）	4304	1.41	0.49	1	2

从表5-4中可以看出：①样本企业存在较为严重的两权分离现象，且企业间分离差异度较大。4304家样本企业中，企业现金流权和终极控制权水平分别达到37.12%和42.72%，平均控制权与现金流权分离度为1.41，其中分离度最小值为1，最大值高达10.18，上市公司间两权分离率差异较大。②样本企业中普遍存在两类代理成本问题，控制权私利的个体差异大于管理权私利的差异水平。虽然管理者私利和大股东侵蚀资金均值相差较小，但是大股东侵蚀资金的方差远远高于管理者私利方差水平。③企业虚拟项目投资导致资金空转水平较高，且企业间差距较大。此外，样本企业中民营企业占比高于国有企业，各规模与年龄差异均较大。

（二）实证结果分析

1. 管理权私利与资金空转

在管理者投资决策中，管理权私利成为资金空转的主要动因。为了检验假设4-10，根据式（5-6）对所有样本进行回归，结果如表5-5所示。表中第2、第3和第4列分别代表随机效应、固定效应和系统GMM的估计结果。通过

Hausman 检验，拒绝随机效应和固定效应相同结果的原假设，故相比而言固定效应模型更适合估计式（5-6）。一般而言，两权分离率越高，终极控股股东的控制权就越高，对小股东权益的侵占程度就越高。考虑到大股东侵蚀资金比例和两权分离率可能存在相关性，所以大股东侵蚀资金比例对模型来讲具有内生性。因此，本研究采用系统 GMM 估计分析方法解决模型内生性问题。

表 5-5 中系统 GMM 估计结果显示，管理者代理成本对资金空转比例的影响显著为正，说明管理者的决策权越大，上市公司股东和管理者信息不对称性程度越高，管理者代理成本相应水平越高，管理者越倾向于投资虚拟项目，上市公司资金空转比例越高。两权分离率对上市公司资金空转比例影响显著为负，说明一般情形下终极控股股东对投资态度比较谨慎，其控制权越高，上市公司对虚拟经济项目投资比例就越低，即上市公司空转资金比例越低。上市公司大股东侵蚀资金比例、上市公司年龄对上市公司资金空转比例影响并不显著。从系统 GMM 结果可以看出，相比于国有企业而言，民营企业的估计系数显著为正，说明同等条件下的民营上市公司更倾向于冒险投资。

表 5-5　两权分离对资金空转影响的分析

	随机效应（re）	固定效应（fe）	系统 GMM
被解释变量	资金空转比例（Virr）		
管理者非正常收益比例（Acmr）	1.405 *** (33.537)	1.455 *** (32.397)	1.134 ** (2.197)
大股东侵蚀资金比例（Ecr）	0.001 (0.245)	0.000 (0.170)	−0.004 (−0.714)
两权分离率（Scc）	0.001 (0.443)		−0.037 *** (−2.947)
上市公司年龄对数（Ln_Age）	−0.006 *** (−7.956)	−0.005 *** (−6.021)	−0.005 (−1.592)
民营（Owner Type=1）	0.011 * (1.881)		0.255 *** (4.030)
常数项（_cons）	−0.049 ** (−2.431)	−0.030 *** (−5.991)	−0.072 (−1.573)

续表

	随机效应（re）	固定效应（fe）	系统 GMM
样本数	4304	4304	4304
F		360.962***	8.556*** 0.000
sargan			3379.172*** 0.000
hansen			42.674 0.485

注：***、**、*分别表示在1%、5%、10%水平下显著；（）内为 t 值，行业和省份的估计结果过多，未在表中列示。

通过对所有样本进行系统 GMM 估计可以发现，上市公司管理者的代理成本越大，说明管理层与股东之间的信息不对称性程度越高，管理者的决策权就越高，上市公司的虚拟项目投资比例越高，使得上市公司的资金空转率越高。而终极控股股东对虚拟项目投资持厌恶态度，两权分离率越高，其对上市公司的决策权就越高，上市公司的虚拟项目投资比例就越低，上市公司的资金空转率就越低。而民营控股上市公司比国有控股上市公司更加冒进，因此其资金空转率更高，假设4-10得到验证。

2. 控制权私利与资金空转

当终极控股股东控制权较大时，控制权私利对资金空转的结果存在不确定性。为了明确二者的影响关系，本研究将2007～2015年看作一个完整的经济周期。考虑2007年开始的国际金融危机对中国经济产生严重影响，根据"克强指数"耗电量、铁路货运量和银行贷款发放量三个指标变动进行判断，以2010年为临界点，将2007～2010年划分为经济逆周期，将2010～2015年划分为经济顺周期。然后根据式（5-6）对经济顺周期样本和经济逆周期样本分别进行回归，如表5-6所示。表中第2、第3和第4列分别为全样本、经济顺周期和经济逆周期的系统 GMM 估计结果。

从表5-6中可以看出，管理者代理成本对上市公司资金空转比例影响显著为正。管理者代理成本主要通过两条途径影响上市公司资金空转：一是通过较高的决策权形成管理权私利传导；二是通过管理者与终极控股股东的信息不对称隐瞒私人信息，通过影响控股股东投资偏好传递。因而，管理者决策越高，信息不对称越严重，资金空转比例就越高，假设4-10成立。但是在经济顺周期与经济逆周期中，这两种作用力的方向是不相同的：经济顺周期中，同时存在管理权私利与信息不对称，此时，终极控股股东的追求高收益投资偏好强化了企业投资虚拟经济的行为，资金空转现象更为显著；相反，经济逆周期中，股东追求低风险投资的偏好会弱化管理权私利效应，企业投资虚拟经济动机减弱，资金空转比例降低。表5-6中管理者代理成本、全样本系数为1.134，顺周期系数为1.395、逆周期系数为0.464，验证了假设4-11和假设4-12。

表5-6　两权分离对资金空转影响的分周期回归

	全样本 系统 GMM	顺周期 系统 GMM	逆周期 系统 GMM
被解释变量	资金空转比例（Virr）		
管理者非正常收益比例（Acmr）	1.134** (2.197)	1.395** (2.091)	0.464** (2.436)
大股东侵蚀资金比例（Ecr）	-0.004 (-0.714)	0.019 (0.183)	-0.004 (-0.995)
两权分离率（Scc）	-0.037*** (-2.947)	-0.033*** (-3.054)	-0.038** (-2.366)
上市公司年龄对数（Ln_Age）	-0.005 (-1.592)	-0.005 (-1.297)	-0.003 (-1.534)
民营（Owner Type=1）	0.255*** (4.030)	0.241*** (3.798)	0.246*** (3.209)
常数项（_cons）	-0.072 (-1.573)	-0.088* (-1.704)	-0.029 (-0.720)
样本数	4304	2609	1695
F	8.556*** 0.000	8.328*** 0.000	3.786*** 0.000

续表

	全样本 系统 GMM	顺周期 系统 GMM	逆周期 系统 GMM
sargan	3379.172 *** 0.000	440.692 *** 0.000	1078.183 *** 0.000
hansen	42.674 0.485	12.690 0.472	84.479 0.000

注：*** 、** 、* 分别表示在 1%、5%、10% 水平下显著；（）内为 t 值，行业和省份的估计结果过多，未在表中列示。

同时，从表 5-6 中还发现：两权分离率对上市公司资金空转比例的影响都显著为负，且逆周期中影响程度更大。两权分离率同样通过两条途径对上市公司资金空转形成影响：一是通过两权分离率，提高控制权比例，降低管理者与控股股东之间的信息不对称程度，因而减少了管理者冒险投资比例；二是利用控股股东在经济顺周期与经济逆周期中对收益与风险的不同偏好影响资金空转比例，因此，两权分离率对上市公司资金空转比例影响程度取决于两者效应叠加的总效果。具体来说：经济顺周期中，终极控股股东虽有追求高收益偏好，但是过高的控制权比例降低了管理者虚拟项目投资的比例，因而两权分离率对资金空转比例影响为负，假设 4-11 得到验证；严重萧条的逆周期中，因为终极控股股东更多地追求低风险偏好，其较高的控制权削弱了管理者虚拟项目投资的比例，因而两权分离率对资金空转比例的影响仍然为负；大股东侵蚀资金比例（Ecr）对资金空转的影响在全样本、顺周期与逆周期系数都较小，且均没有通过显著性检验，因此假设 4-11 与假设 4-12 进一步得到验证。

此外，按照上市公司所有权属性的不同进行分类，还发现民营控股企业相比国有控股企业具有更强的炒钱动机，在 1% 的水平下都通过显著性检验。不管在经济顺周期还是经济逆周期，相比国有企业控股上市公司，民营控股上市公司资金空转比例更高，而且在逆周期时民营企业所有权控股性质影响 0.246 高于顺周期时的 0.241，说明民营控股上市公司在经济逆周期时通过虚拟经济进行资本炒作的情况更为严重。

第三节 过度融资、挤出效应与资本脱实向虚的实证分析

一、数据处理、变量选取与模型设计

本节主要研究上市公司过度融资、挤出效应与资本脱实向虚行为。本研究选取 2007~2015 年 A 股非金融非房地产行业上市公司（下文称实体经济上市公司）为样本[①]，按照如下程序进行筛选：①剔除 ST 与 PT 企业样本，删除额外融资比率最小与最大 1% 以及销售收入缺失的样本数据，其中上市公司财务数据包括资产负债表、利润表及公司治理数据直接从 CSMAR 数据库得到；②选取上市公司财务报告附注中长期投资变量，运用数据挖掘技术，对上述样本公司所持股的子公司、联营及合营公司按经营业务性质进行分类，筛选出持股的子公司、联营及合营公司为金融行业企业样本，并以年为单位对其长期股权投资额进行加总，得到实体经济上市公司金融投机数据，总共得到 16443 个有效样本，其中从事金融投机样本数量为 3268 个；③根据企业经营利润、销售收入是否增加来判断企业经营风险，删除掉不存在经营风险的样本数据，得到存在经营风险的样本为 7023，其中从事金融投机的样本为 1333；④外部贷款总额选取社会融资规模中的人民币贷款数据，来源于中国人民银行官方网站。非上市公司可贷资金总量用人民币贷款总额减去上市公司贷款总额表示，其中上市公司贷款总额为所有上市公司短期借款与长期借款之和。

二、变量选取

基于实体经济上市公司应对经营风险和金融投机导致的过度融资行为以

[①] 本节研究的是实体经济企业的投融资行为，故剔除金融行业和房地产行业的上市公司。

及对非上市公司融资挤出效应的研究，本研究选择过度融资比率、经营风险和金融投机率等作为关键变量，在融资挤出效应度量方面参照张延（2010）度量财政政策挤出效应的方法，用中小企业可贷资金占人民币贷款比重来衡量融资挤出效应。为了在微观层面检验实体经济上市公司应对经营风险和金融投机对过度融资行为的影响，以及在整体层面检验过度融资行为的融资挤出效应，本研究分别列出两个实证检验的因变量与自变量。

（一）因变量

（1）过度融资比率（$EEFR_t$）。过度融资行为主要指上市公司为了应对经营风险和金融投机，利用外源融资优势进行过度融资。本研究主要用上市公司实际借款（短期借款和长期借款）减去上市公司正常融资需求表示上市公司过度融资需求。本研究借鉴 Demirguc-Kunt 和 Maksimovic（1998）提出的计算上市公司融资需求的方法，将企业成长性融资需求与可实现内生增长融资需求之差作为正常融资需求，其值越大，表示企业正常的外源融资需求越高，其计算公式为：

$$NEFR_{i,t} = (Asset_{i,t} - Asset_{i,t-1}) / Asset_{i,t} - ROE_{i,t} / (1 - ROE_{i,t})$$
$$(5-7)$$

其中，$Asset_{i,t}$ 为企业总资产，$ROE_{i,t}$ 为企业净资产收益率，结合式（4-61）可得企业额外外源融资比率为：

$$EEFR_{i,t} = (LD_t + SD_t) / Asset_{i,t} - [(Asset_{i,t} - Asset_{i,t-1}) / Asset_{i,t} - ROE_{i,t} / (1 - ROE_{i,t})]$$
$$(5-8)$$

其中，LD_t 和 SD_t 分别表示上市公司长期借款和短期借款。

（2）非上市公司贷款规模占人民币贷款比重（$NLEFR_t$）。按照啄序理论（Jensen and Meckling，1976），企业会优先选择银行贷款，而后才会选择债券融资和股票融资，对于上市公司而言，银行贷款更具有优势。一般而言，实体经济上市公司从银行取得贷款，投资到主营或者非主营业务当中，资金从金融系统直接流向实体经济。通过前文分析，部分上市公司会进行资本投资，而这种投资通过专业金融公司以信托贷款、委托贷款等形式流向非上市公司，资金从金融系统流向上市公司再回流到金融系统，然后流向实体经济。而企业债券融资成本较高，金融投机套利空间较小，故本研究不考虑委托贷款、信托贷款以及企业债券等，只考虑银行体系的人民币贷款。社会融资规模是实体经济从金融体系获得的资金总额，而人民币贷款是实体经济从银行体系获得的贷款总额，因此用人民币贷款总额减去实体经济上市公司外部借款总额能够有效衡量实体非上市公司人民币贷款总额。由于人民币贷款总额逐年递增，故非上市公司人民币贷款总额并不能有效衡量融资挤出效应，本研究用中小企业人民币贷款总额与人民币贷款总额的比重来衡量上市公司整体对非上市公司融资挤出效应。

（二）自变量

（1）金融投机率（$FCIR_{i,t}$）。实体经济上市公司金融投机会导致上市公司过度融资行为。由于交易性金融资产、可供出售金融资产为企业现金流管理决策所考虑的资产选择，与利用银行借款优势以及对非上市公司信息优势的金融投机不同，故采用实体经济上市公司对金融行业长期股权投资来衡量金融投机率。本书用实体经济上市公司长期股权投资中，对金融子公司、联营或合营金融公司持股总额表示该实体经济上市公司金融投机规模。为考虑可比性，用金融投机总额占总资产（$Asset$）比率表示实体经济上市公司金融投机率。

（2）经营风险（$OR_{i,t}$）。经营风险主要指企业经营环境变化与企业内部原因导致企业业绩下降，表现为销售收入或者销售利润下降。本书对企业经营风险的衡量主要使用企业净利润指标，用净利润下降额除以企业净资产表示企业经营风险高低，净利润下降额越高，说明企业面临的风险越大。

（3）非金融非房地产上市公司过度融资总额（$AEEFR_t$）。本书将所有实体经济上市公司过度融资额按季度进行加总，得到实体经济上市公司过度融资总额。在整体层面上对非上市公司贷款规模占人民币贷款比重进行回归，分析上市公司过度融资的融资挤出效应。

（4）非金融非房地产上市公司金融投机总额（$AIDLE_t$）。本书将所有实体经济上市公司金融投机按照季度加总，得到每季度实体经济上市公司金融投机总额。在整体层面对非上市公司贷款规模占人民币贷款比重进行回归，检验上市公司金融投机的融资挤出效应。分析金融投机的融资挤出效应，主要因为金融投机会使经济"脱实向虚"，如果金融投机的融资挤出效应较大，说明金融投机较多来自信贷市场，则对实体经济损害较大。

（三）其他控制变量

考虑上市公司异质性受地区、行业及企业所有制性质的影响，本书选取企业资产利润率、销售收入、杠杆率、所在省份、上市公司所处行业、企业控股股东属性作为其他控制变量，其中，企业所处行业按照中国证券监督管理委员会对上市公司从 A-S 的分类标准。企业控股股东属性按照最终控制人属性划分为国有企业和非国有企业。此外，本研究还对上市公司年龄进行控制，按上市公司成立到会计统计期的年限计算。

三、实证模型设定

该部分主要实证分析上市公司应对经营风险及金融投机的融资挤出效应以及上市公司过度融资行为的结果。考虑到并非所有的实体经济上市公司都会从事金融投机，因此需要分样本进行讨论。首先，用全样本分析应对经营风险对过度融资行为的影响。其次，分析从事金融投机的这些上市公司风险应对和金融投机对过度融资的综合影响，采用固定效应模型进行估计：

$$EEFR_{i,t} = \beta_0 + \beta_1 OR_{i,t} + u_i + u_{i,t} \qquad (5-9)$$

$$EEFR_{i,t} = \beta_0 + \beta_1 FCIR_{i,t} + u_i + u_{i,t} \qquad (5-10)$$

考虑到高阶理论认为企业决策团队的统计性特征与认知将会影响企业风险行为（陈闯等，2016），基于对经营风险的认知差异，企业经营投资决策也会不同，故企业经营风险变化可能会影响企业金融投机行为，因此估计模型可能具有内生性问题。为了解决金融投机行为的内生性，本研究将地区差异、所有权属性差异、行业差异、年龄等变量加以控制，使用系统 GMM 方法进行回归，建立动态面板数据模型：

$$EEFR_{i,t} = \beta_0 + \beta_1 EEFR_{i,t-1} + \beta_2 OR_{i,t} + \beta_3 FCIR_{i,t} + \beta_4 LnAsse_{i,t} +$$
$$\beta_5 LnAgee_{i,t} + \beta_6 d_{pro} + \beta_7 d_{ind} + \beta_8 d_{state} + u_i + u_{i,t}$$

$$(5-11)$$

其中，$EEFR_{i,t}$ 代表上市公司 i 在 t 年的额外融资比率，用来衡量上市公司过度融资效应；$OR_{i,t}$ 表示上市公司 i 在 t 年的企业经营风险；$FCIR_{i,t}$ 是上市公司 i 在 t 年的金融投机比例；LnAsset、LnAge 分别表示企业资产规模、企业年龄的对数变量，控制上市公司年龄异质性对企业融资挤出效应的影响；d_{pro}、d_{ind}、d_{state} 分别表示上市公司所在省份、企业所属行业以及企业是否为国有企业等控制变量,反映企业异质性对企业产出效率的影响;反映企业个体差异的随机干扰项,是所有企业所有年份的随机扰动项。

对融资挤出效应的实证分析,主要聚焦于上市公司过度融资对非上市公司融资挤出效应以及上市公司金融投机对非上市公司融资挤出效应,估计模型为:

$$NLEFR_{i,\,t} = \beta_0 + \beta_1 \text{Ln}AEEFR_{i,\,t} + u_t \qquad (5\text{-}12)$$

$$NLEFR_t = \beta_0 + \beta_1 \text{Ln}AIDLE_t + u_t \qquad (5\text{-}13)$$

其中,$NLEFR_t$为所有非上市公司贷款规模占人民币贷款社会融资规模比重,$\text{Ln}AEEFR_t$为所有上市公司过度融资总额对数,$\text{Ln}AIDLE_t$为所有上市公司金融股权投资总额对数。

四、实证分析

(一) 变量描述性统计

根据筛选的 16443 个非金融与非房地产开发上市公司样本,得到存在经营风险的样本 7011 个,其中 1333 个样本通过子公司、联营及合营公司从事金融投机业务。2015 年深沪主板市场上市公司总数为 2827 家,有 35.6% 的实体经济上市公司从事金融投机业务。关键变量的描述性统计结果如表 5-7 所示。

表 5-7　主要变量描述性统计

	变量	观测值	均值	标准差	最小值	最大值
全样本	过度融资比率 (EEFR)	7011	0.220	0.131	0.002	0.671
	经营风险 (OR)	7011	0.031	0.042	5.74E-06	0.240
	金融投机率 (FCIR)	7011	0.007	0.024	0	0.206
	总资产对数 (Ln_Asset)	7011	21.816	1.277	17.673	28.509
	上市公司年龄 (Age)	7011	13.184	5.144	1	35
	上市公司所有权性质 (1 为国企, 2 为非国企)	7011	1.420	0.494	1	2

续表

	变量	观测值	均值	标准差	最小值	最大值
从事金融投机样本	过度融资比率（EEFR）	1333	0.220	0.127	0.002	0.647
	经营风险（OR）	1333	0.026	0.035	7.41E-06	0.225
	金融投机率（FCIR）	1333	0.038	0.044	4.76E-08	0.206
	总资产对数（Ln_Asset）	1333	22.596	1.497	18.938	28.508
	上市公司年龄（Age）	1333	14.990	4.716	3	35
	上市公司所有权性质（1为国企，2为非国企）	1333	1.360	0.480	1	2

从表5-7中可以看出：①样本企业普遍存在过度融资，且企业间分离差异度较大。7011家样本企业中，企业平均过度融资比率为0.220，最小值为0.002，最大值高达0.671。②样本企业经营风险的差异较大。基于2008年以来金融危机影响，企业经营风险普遍上升，加上新常态下经济下行压力增大，企业经营环境恶化。但整体变动相对较为平稳，说明在2007~2015年企业经营风险波动性不大。但是存在经营风险的企业在所有样本中占比为42.6%，说明近几年企业经营环境普遍较差。③企业金融投机率较高，且企业间差距较大。此外，样本企业中，国有企业占比高于非国有企业，规模与年龄差异较大。

（二）经营风险上升对上市公司过度融资的影响

考虑到并非所有的实体经济上市公司都会从事金融投机，故本研究选取从事金融投机的实体经济上市公司样本，并删除掉不存在经营风险的样本企业，分析应对经营风险与流动性冲击及金融投机对过度融资的影响。首先用全样本分析应对经营风险与流动性冲击对过度融资的影响，实证检验结果如表5-8所示。

表 5-8　经营风险上升与过度融资行为估计结果（全样本）

因变量 解释变量	RE（全样本） 过度融资率 （EEFR）	FE（全样本） 过度融资率 （EEFR）	FE（国有企业） 过度融资率 （EEFR）	FE（非国有企业） 过度融资率 （EEFR）
经营风险 （OR）	1.365 *** （49.483）	0.924 *** （29.161）	3.207 *** （18.998）	0.896 *** （18.700）
总资产对数 （Ln_Asset）	5.293 *** （9.394）	5.291 *** （4.505）	5.390 *** （6.431）	3.825 （1.396）
上市公司年龄对数 （Ln_Age）	2.045 ** （2.204）	5.199 *** （2.879）	0.707 （0.562）	10.476 ** （2.314）
资产利润率	34.954 *** （5.686）	45.020 *** （5.428）	30.702 *** （5.226）	69.168 *** （3.514）
销售收入对数 （Ln_Revenue）	-5.106 *** （-10.903）	-4.939 *** （-5.135）	-3.606 *** （-4.919）	-4.887 ** （-2.339）
资产负债率	15.056 *** （6.692）	11.038 *** （2.605）	11.717 *** （3.945）	11.129 （1.089）
行业	控制	控制	控制	控制
省份	控制	控制	控制	控制
常数项	-16.745 ** （-2.435）	-27.533 （-1.511）	-48.180 *** （-3.583）	-10.167 （-0.247）
观测值	5711	5711	3460	2251
F		161.701 [0.000]	80.062 [0.000]	66.399 [0.000]

注：***、**、*分别表示在1%、5%、10%水平下显著；（）内为 t 值，[ ] 内为 p 值。

首先对全样本进行固定效应和随机效应回归，并进行 Hausman 检验，检验结果为 827.09，拒绝原假设，故对样本回归采用固定效应模型。通过对全样本回归，可以看出企业经营风险上升对企业过度融资的回归系数显著为正，说明企业经营风险越高，企业需要应对风险的过度融资需求越大，验证了假设4-13。考虑到企业经营特性与产权性质差异会导致企业应对经营风险的态度不同，故本研究将样本企业分为国有企业和非国有企业两个样本分别进行回归，所得结果如表5-8中第4列和第5列所示。对国有企业而言，经营风险显著影响企业过度融资。对非国有企业而言，经营风险上升需要增加银行借款来应对，从而对过度融资行为影响较为显著。相比非国有企业，国有企业经营风险上升对过度融资的影响系数大于非国有企业估计结果，主要是国有企业在银行贷款更具有优势，从而银行贷款数量更大。从控制变量来看，企业规模越大，成立时间越长，杠杆率越高，经营风险上升时，需要过度融资数量越多。资产利润率越高的企业对经营风险的反应越敏感，从而导致过度融资的数量更多。而销售收入较多的企业可用现金流较多，从而可以降低经营风险带来的流动性冲击，需要的过度融资数量较少。

（三）上市公司过度融资行为与挤出效应的检验

在社会总可贷资金不变的情况下，上市公司过度融资必然会减少非上市公司可融资规模总量，从而对非上市公司融资形成挤出效应。为了验证上市公司过度融资行为会挤出非上市公司外源融资，本研究用人民币贷款减去上市公司借款总额衡量非上市公司外部借款总额。然后用实体经济上市公司过度融资总额以及金融投机总额作为解释变量分别进行回归。考虑到2007～2015年的时间序列数据较少，为了更有效地检验前文的结论，本研究用社会融资规模的季度数据、实体经济上市公司过度融资总额季度数据以及金融投机总额的季度数据进行实证检验，所得结果如表5-9所示。

从表5-9中第2列融资影响回归结果可以看出，实体经济上市公司过度融资对上市公司外部借款总额的回归系数显著为正，表明上市公司过度融资行为会增加上市公司外部借款总额。但是这种影响是否是以非上市公司外源融资减少为代价，是否会造成非上市公司融资挤出效应呢？从表5-9中第3列的回归结果可以看出，上市公司过度融资总额对非上市公司外部借款总额的影响系数不显著，说明上市公司过度融资行为对非上市公司外源融资总额没有显著影响。考虑到经济不断增长，社会的可融资规模总量不断扩大，因此上市公司过度融资行为对非上市公司挤出效应并不是减少其他可融资规模总量，而是减少社会人民币贷款总额中非上市公司借款比率。表5-9中第4列回归结果表明上市公司过度融资行为显著减少了非上市公司外源融资总额比重，这说明上市公司过度融资行为造成了非上市公司融资挤出效应。为了进一步观察上市公司金融投机的融资挤出效应，本研究用实体经济上市公司金融投机总额分别对非上市公司外部借款总额及非上市公司外部借款比率进行回归。从表5-9中第5列和第6列回归结果可以看出，实体经济上市公司金融投机能够显著降低非上市公司外部借款比率，这说明实体经济上市公司从银行系统获得资金用于金融投机会显著挤占非上市公司银行贷款规模，验证了假设4-14。实体经济上市公司这种金融投机行为不仅降低了资本市场的资本配置效率，还会造成资金的多次配置，增加非上市公司融资成本。

表5-9 过度融资行为与挤出效应估计结果

解释变量 \ 因变量	融资自影响	融资挤出效应			
	上市公司外部借款总额	非上市公司外部借款总额	非上市公司外部借款比率	非上市公司外部借款总额	非上市公司外部借款比率
上市公司过度融资总额	1.017*** (294.653)	1.187 (1.693)	−1.958E−14** (−2.304)		
上市公司金融投机总额				15.505 (0.435)	−1.138E−12*** (−2.822)
常数项	3.558E+10** (2.391)	1.159E+13*** (3.837)	0.863*** (23.554)	1.524E+14*** (5.687)	0.861*** (28.420)
观测值	36	36	36	36	36
F	86,820.269 [0.000]	2.868 [0.100]	5.308 [0.028]	0.189 [0.667]	7.963 [0.008]

注：***、**、*分别表示在1%、5%、10%水平下显著；()内为t值，[]内为p值。

（四）资本脱实向虚与过度融资行为的检验

考虑到并非所有的实体经济上市公司都会从事金融投机，因此本研究选取从事金融投机的非房地产非金融上市公司样本，由于面临不同的风险，企业金融投机决策也会产生差异（文春晖、任国良，2015），因此，企业风险不仅通过应对经营风险来对上市公司过度融资产生影响，而且还会通过企业金融投机决策来间接影响上市公司过度融资行为。考虑到企业金融投机行为受到上市公司经营风险的影响，因此上市公司金融投机行为具有内生性。为了克服金融投机行为的内生性，另外考虑到银行贷款期限较长使得过度融资具有跨期性，因此，本研究用系统 GMM 对风险应对和金融投机行为对上市公司外源融资模型进行回归。解决内生性和滞后性影响进行 SGMM 回归，所得结果如表 5-10 所示。

表 5-10　资本脱实向虚与过度融资行为的估计结果（系统 GMM）

解释变量 ＼ 因变量	SGMM（金融投机样本）	SGMM（非国有企业）	SGMM（国有企业）
	过度融资率（EEFR）	过度融资率（EEFR）	过度融资率（EEFR）
过度融资率滞后一期（L.EEFR）	0.122 (0.967)	0.585*** (7.035)	0.082 (0.771)
经营风险（OR）	2.105 (1.586)	0.387 (0.808)	0.827 (1.128)
金融投机率（FCIR）	1.419*** (6.379)	0.957*** (3.088)	1.503*** (7.930)
总资产对数（Ln_Asset）	−0.284 (−1.301)	−0.124 (−0.734)	−0.127 (−0.646)
上市公司年龄对数（Ln_Age）	−0.000 (−0.002)	−0.385** (−2.376)	0.064 (0.196)
资产利润率	6.465* (1.673)	0.017 (0.009)	4.609* (1.898)
销售收入对数	0.230 (1.027)	0.152 (0.888)	0.076 (0.394)
资产负债率	2.444** (2.505)	1.302* (1.800)	1.854 (1.623)
行业	控制	控制	控制
省份	控制	控制	控制

续表

解释变量 \ 因变量	SGMM（金融投机样本）	SGMM（非国有企业）	SGMM（国有企业）
	过度融资率（EEFR）	过度融资率（EEFR）	过度融资率（EEFR）
常数项	0.607 (0.546)	-0.351 (-0.302)	0.962 (0.592)
观测值	383	114	271
F	130.926 [0.000]	5.422 [0.000]	128.958 [0.000]
hansen	65.12 [0.438]	22.10 [0.925]	62.07 [0.473]

注：***、**、*分别表示在1%、5%、10%水平下显著；（）内为 t 值，[ ] 内为 p 值。

从表5-10从事金融投机行为的实体经济上市公司样本估计结果可以看出，经营风险对过度融资影响不显著，而金融投机行为的过度融资效应非常显著，验证了假设4-15的成立。对比表5-8的结果可以看出，在使用系统GMM解决金融投机的内生性问题之后，经营风险对过度融资的直接影响不再显著，而金融投机行为对过度融资影响仍然显著。这主要是因为经营风险会影响企业金融投机决策，特别是在整体市场不景气时，经营风险加大，实体经济上市公司更愿意利用银行贷款的融资优势来从事金融投机。从而使得经营风险上升对实体经济上市公司过度融资影响不再显著，而金融投机对过度融资的影响非常显著，验证了假设4-10。对比国有企业和非国有企业样本的估计结果可以看出，国有企业金融投机率对过度融资的影响大于非国有企业，这主要是因为相比非国有企业而言，国有企业从银行取得贷款更具有优势，而且政企关系存在使得贷款成本更低，贷款更容易获得。从而使得国有实体经济上市公司在非正规金融市场上的套利空间更大，更愿意进行金融投机。在控制变量上，资产利润率、销售收入对数和资产负债率对过度融资影响显著，部分行业和省份的估计系数显著，其他控制变量的估计系数不显著。这主要是因为在整体市场不景气的情况下，银行对实体经济上市公司进行贷款要重点考察企业的营利能力和财务杠杆，从而对企业过度融资产生影响。

考虑到 2008 年金融危机对世界经济的冲击，我国经济也受到严重影响，市场整体不景气，企业经营风险偏高。经济萧条时，实体经济萎靡不振，对所有企业而言经营风险均较高，并且投资实体经济赚取利润的风险大于金融投机的金融风险，实体经济上市公司更愿意从事金融投机业务。因此，这种金融投机行为使得金融投机的企业对实体经济关注度下降，一方面使得实体经济投资缩减，虚拟经济膨胀；另一方面提高了从非正规金融获得融资的融资成本，加大了萧条时期非上市公司生存的难度，从而抑制非上市公司实体经济投资。最终使得实体经济更加萧条，而虚拟经济虚假繁荣，造成经济泡沫，加大了经济运行风险。

（五）进一步讨论

考虑到我国经济发展地域性差异较大，不同地区和不同行业实体经济上市公司应对经营风险和金融投机行为差异较大，而且不同地域及行业的融资环境也有较大区别，因此本研究分行业和地区对样本分别进行讨论。根据国家统计局 2011 年 6 月 13 日的划分办法，将我国划分为东部地区、中部地区、西部地区和东北地区，将样本按照地区分类进行分组回归，所得结果如表 5-11 所示。通过表 5-11 可以看出，各地区实体经济上市公司应对经营风险对过度融资影响都不显著，而金融投机对过度融资影响都比较显著。对比不同地区金融投机对过度融资的估计系数可以看出，西部地区显著性较低，主要原因是西部经济发展水平较低，外源融资市场并不完善。东北地区实体经济上市公司金融投机对过度融资的影响比较显著，但是估计系数远小于其他地区，说明东北地区上市公司金融投机的动机不强烈，特别是在经营风险较低时金融投机行为较为温和，主要是因为东北地区是老工业基地，非上市公司相比其他地区数量较少，非正规金融融资需求较低，2013 年第一季度委托贷款和信托贷款在全国占比仅为 6.332% 和 6.907%。中部地区金融投机对过度融资的影响系数比较显著，而且高于东北地区和西部地区，主要是因为中部地区经济发展水平高于西部地区和东北地区，非正规金融融资需求较大，上市公司金融投机机会较多。东部地区金融投机对过度融资的影响显著，而且影响系数高于其他三个地区，说明东部地区上市公司金融投机行为较为严重，企业面对经济形势较差时的金融投机动机较强。这主要是因为东部地区经济较为发达，各行业中企业数量较多，特别是中小规模的企业较多，因此对资金需求较大，上市公司通过金融投机的机会及利润空间较大，故金融投机对过度融资影响较为显著，而且远大于其他三个地区。

表 5-11   资本脱实向虚与过度融资行为的分地区 SGMM 估计结果

解释变量 \ 因变量	西部 过度融资率（EEFR）	中部 过度融资率（EEFR）	东部 过度融资率（EEFR）	东北部 过度融资率（EEFR）
过度融资率滞后一期（L. EEFR）	1.061 *** (10.186)	0.183 (1.312)	0.099 * (1.717)	0.471 *** (4.749)
经营风险（OR）	0.078 (0.058)	0.767 (1.113)	1.564 (1.391)	−1.001 (−0.890)
金融投机率（FCIR）	1.164 * (1.928)	1.404 ** (2.561)	2.308 *** (4.591)	0.271 *** (10.273)
总资产对数（Ln_Asset）	0.247 (1.157)	−0.113 (−0.796)	−0.337 (−0.881)	0.258 (0.902)
上市公司年龄对数（Ln_Age）	0.060 (0.400)	−0.134 (−0.629)	0.053 (0.148)	−0.333 (−0.497)
资产利润率	−0.071 (−0.018)	1.144 (0.537)	5.875 (1.285)	3.330 (0.798)
销售收入对数	−0.130 (−0.788)	0.079 (0.537)	0.499 (1.328)	−0.402 (−1.613)
资产负债率	0.257 (0.481)	1.896 *** (2.767)	5.081 *** (5.743)	4.274 *** (3.884)
行业	控制	控制	控制	控制
省份	控制	控制	控制	控制
常数项	−3.472 (−1.597)	0.568 (0.565)	−5.776 (−1.171)	1.895 (0.890)
观测值	339	297	1130	98

解释变量 ＼ 因变量	西部	中部	东部	东北部
	过度融资率（$EEFR$）	过度融资率（$EEFR$）	过度融资率（$EEFR$）	过度融资率（$EEFR$）
F	323. 847 ［0. 000］	11. 088 ［0. 000］	1，490. 973 ［0. 000］	68769. 721 ［0. 000］
hansen	77. 09 ［0. 476］	69. 60 ［0. 713］	44. 022 ［0. 927］	10. 033 ［1. 000］

注：*** 、 ** 、 * 分别表示在 1%、5%、10% 水平下显著；（ ）内为 t 值，［ ］内为 p 值。

在中国证券监督管理委员会 2015 年第四季度上市公司行业分类结果基础上，本研究将所有样本分为工业、商业、公共事业和综合行业，将数量较多的房地产和金融行业样本剔除，所得结果如表 5-12 所示。通过表 5-12 可以看出，应对经营风险对过度融资的影响都不显著，除了其他综合行业外，其他行业金融投机对过度融资都比较显著。工业行业上市公司金融投机行为对过度融资影响非常显著，而且大于全样本企业回归所得结果，说明工业行业的上市公司金融投机行为较为强烈。工业行业的固定资产投资较大，可抵押资产较多，因而从银行取得贷款较为容易。公共事业的上市公司金融投机行为也较为强烈，但是低于工业行业，公共事业行业普遍有政府背景，政企关联使得上市公司容易取得银行贷款。而商业行业上市公司金融投机对过度融资影响的估计系数最大，说明商业行业上市公司更加倾向于从正规金融融资来金融投机，这主要是因为与商业行业上市公司有经济往来的中小企业较多，具有更多非正规金融渠道的信息优势，从而金融投机的机会更多。考虑到工业行业是实体经济的主体，而且工业行业的产业规模远大于其他行业，行业中企业数量也比其他行业多，因此应该重点监管工业行业中的非金融非房地产上市公司，规范其投融资行为，引导资金直接流向实体经济，防止虚拟经济过度膨胀。

表 5-12　资本脱实向虚与过度融资行为的分行业 SGMM 估计结果

因变量 解释变量	公共事业 过度融资率 （EEFR）	工业 过度融资率 （EEFR）	商业 过度融资率 （EEFR）	其他综合行业 过度融资率 （EEFR）
过度融资率滞后一期 （L. EEFR）	0.464 (1.429)	-0.019 (-0.484)	0.581 *** (5.999)	0.660 (1.529)
经营风险（OR）	-0.611 (-0.380)	-0.656 (-0.846)	-1.317 (-0.655)	3.403 (1.351)
金融投机率（FCIR）	2.658 ** (2.185)	0.838 * (1.778)	3.634 *** (2.866)	0.528 (0.728)
总资产对数 （Ln_Asset）	1.236 (0.115)	1.055 (0.507)	5.586 (1.522)	-0.866 (-0.615)
上市公司年龄对数 （Ln_Age）	-1.457 (-0.046)	-1.320 (-0.806)	-8.879 (-1.584)	0.565 (0.176)
资产利润率	7.934 (0.837)	2.751 (0.362)	42.051 (0.998)	11.629 (1.498)
销售收入对数	0.923 (0.132)	-0.366 (-0.200)	-4.520 (-1.389)	0.135 (0.139)
资产负债率	3.785 (0.671)	1.510 (0.444)	17.408 (1.481)	6.126 (1.222)
省份	控制	控制	控制	控制
常数项	-73.997 (-0.156)	76.629 *** (3.088)	-11.218 (-0.515)	11.736 (0.626)
观测值数量	265	1166	148	51
F	23.177 [0.000]	2095.519 [0.000]	290.661 [0.000]	1766.480 [0.000]
hansen	36.271 [0.981]	48.730 [0.403]	20.156 [1.000]	6.696 [0.877]

注：*** 、** 、* 分别表示在 1%、5%、10%水平下显著；（ ）内为 t 值，[ ] 内为 p 值。

（六）稳健性检验

为使研究结论更加可靠，本研究对实证结果进行稳健性检验。上文中企业风险主要是用净利润下降额除以企业净资产表示企业经营风险高低来衡量，为检验结果的稳健性，用销售收入的减少额除以企业总资产来衡量企业风险程度，得到结果如表 5-13 所示。

表 5-13　稳健性检验结果

解释变量 ＼ 因变量	SGMM（金融投机样本）过度融资率（*EEFR*）	SGMM（非国有企业）过度融资率（*EEFR*）	SGMM（国有企业）过度融资率（*EEFR*）
过度融资率滞后一期（L. *EEFR*）	0. 120 (0. 70)	0. 612 *** (7. 09)	0. 124 (0. 65)
经营风险（*OR*）	0. 583 (0. 86)	0. 306 (0. 82)	−0. 599 (−0. 90)
金融的投机率（*FCIR*）	1. 302 *** (3. 09)	0. 958 *** (2. 76)	1. 337 *** (3. 41)
总资产对数（Ln_ *asset*）	0. 929 (0. 73)	−0. 101 (−0. 57)	1. 991 (1. 45)
上市公司年龄对数（Ln_ *age*）	−2. 912 (−1. 35)	−0. 396 ** (−2. 52)	−0. 706 (−0. 32)
资产利润率	−3. 490 (−0. 36)	−0. 412 (−0. 25)	2. 397 (0. 21)
销售收入对数	−0. 228 (−0. 25)	0. 134 (0. 73)	−1. 245 (−1. 41)
资产负债率	3. 002 (0. 56)	1. 110 (1. 77)	2. 891 (0. 46)
行业	控制	控制	控制
省份	控制	控制	控制

续表

解释变量　　　　　因变量	SGMM（金融投机样本）	SGMM（非国有企业）	SGMM（国有企业）
	过度融资率（*EEFR*）	过度融资率（*EEFR*）	过度融资率（*EEFR*）
常数项	-0.243 (-0.21)	-0.243 (-0.21)	-12.607 (-0.87)
观测值	384	114	271
F	157.50 [0.000]	4.61 [0.000]	31.57 [0.000]
hansen	39.19 [0.935]	21.86 [0.931]	33.43 [0.956]

注：***、**、*分别表示在1%、5%、10%水平下显著；()内为t值，[]内为p值。

对比表5-13和表5-10可以看出，替换上市公司风险变量后，利用系统GMM对全样本、非国有企业、国有企业回归后所得结果基本一致，说明前文对实体经济上市公司应对经营风险与金融投机对实体经济上市公司过度融资影响分析所得结论是有效的。

五、实证分析结果

该部分主要构建了包含经营风险和金融投机的企业融资行为模型，分析了上市公司过度融资行为动机及对二元结构市场非上市公司的融资挤出效应，诠释了资本脱实向虚的微观机理；并选取2007~2015年非金融非房地产行业上市公司16443个样本数据进行实证检验。研究发现：

第一，外部经营风险与流动性紧缺是企业产生额外保值融资需求的主要原因，在经济新常态中，上市公司过度融资动机强烈。而上市公司的过度融资行为通过二元融资市场叠加导致了价格歧视效应，在二元市场中产生了套利机会。上市公司基于逐利动机，会充分利用自身从银行融资的优势以及对非上市公司的信息优势进行再次融资，导致过度融资行为加剧。

第二，上市公司过度融资行为通过二元融资市场结构对非上市公司形成强烈的挤出效应，降低了非上市公司实体经济投资资金总量。一是对非上市公司融资空间的挤出。上市公司基于优越的融资条件以及强烈的融资动机抢占了本应投资非上市公司的融资；商业银行基于流动性考虑也通过融资门槛设定和抵押质押条件的设立将非上市公司拒于正规融资门之外，非上市公司融资空间受到双重挤压。二是对非上市公司融资价格的挤出。上市公司过度融资加剧了二元融资市场供需结构矛盾，非上市公司融资成本高企，致使非上市公司资金成本高于企业利润，经营环境恶化，非上市公司遭受融资难与融资贵的双重约束。对非上市公司而言，从金融体系获得的融资受到挤占，导致非上市公司对实体经济的投资总量降低。

第三，上市公司资本脱实向虚的金融投机动机是过度融资的主要原因。一是基于二元结构市场的套利机会，上市公司会利用自身基于银行借款优势向金融市场进行过度融资，然后会利用其掌握非上市公司信息优势，通过设立联营、合营及金融子公司或通过通道业务向非上市公司进行贷款，将已有的融资绕过实体经济在资本市场中空转，形成资本脱实向虚。二是在经济新常态中，对于已经参与金融投机的上市公司尝到了金融投机谋利的甜头，会更加倾向于回报率高、资金周转快的虚拟经济投资；相反，对于收益率不高、投资规模大、回收期相对较长的实体经济投资关注度下降，投资实体经济规模减小、增速下降，虚拟投资膨胀，资本脱实向虚倾向明显。三是基于上市公司的过度融资行为导致非上市公司经营环境恶化，同时遭受融资难与融资贵的双重约束，因而对实体经济投资信心产生影响，变卖资产与投资虚拟经济成为其短期目标，经营与投资实体经济意愿下降，限制了非上市公司的实体经济投资。

可见，在经济新常态下政府应该规范上市公司参与金融投机业务，科学合理引导上市公司投资实体经济，努力降低中小企业融资成本和金融系统风险，从根本上解决非上市公司融资难与融资贵的问题，增强中小企业投资实体经济的动力和信心。因此，制定监管政策，明确上市公司投资业务范围，加强对国有企业、东部地区以及工业行业上市公司投融资监管，引导上市公司资金流向实体经济成为政府政策发力的主要方向。

第四节　主体异质性与资金空转的实证检验

为了更好地研究两权分离对资金空转的影响，本研究将上市公司分行业和地区对样本进行讨论。根据国家统计局 2011 年 6 月对中国地区东部、中部、西部和东北地区的划分，将样本按照地区进行分类分组回归，结果如表 5-14 所示。结果显示：东部地区两权分离率与私企变量在 1% 水平下通过显著性检验，中部地区管理者非正常收益比例、两权分离率与私企变量在 5% 水平下通过显著性检验，东北地区和西部地区上市公司两权分离率与代理成本对资金空转的影响并不显著。不难看出，经济发展水平与现代企业管理水平正相关，东部与西部企业现代管理水平相比于东北部与西部较高。西部地区不显著可能的原因有：一方面，西部地区相较于东部地区经济发展水平低，企业现代化管理水平也相应较低；另一方面，西部地区企业竞争压力较小，实体项目投资机会较多，因而炒钱动机并不强烈。而在东北部地区，不显著可能的原因是该地区属于传统的老工业基地，资源枯竭型国有企业占比较多，许多企业因此而沦为僵尸企业，投资环境较差，因而整体变量都不显著。此外，大股东侵蚀资金比例在所有地区都不显著；同样，在东部和中部地区私有企业相较于国有企业具有更强的炒钱动机。

表 5-14　两权分离对资金空转影响的分地区回归

	东部	中部	东北部	西部
被解释变量	资金空转比例（*Virr*）			
管理者非正常收益比例 （*Acmr*）	1.053 （-1.471）	1.387 ** （-2.060）	-0.141 （-1.034）	1.381 （-1.363）
大股东侵蚀资金比例 （*Ecr*）	-0.002 （-0.321）	0.164 （-0.518）	-0.005 （-0.053）	0.027 （-0.328）
两权分离率（*Scc*）	-0.018 *** （-2.601）	-0.107 ** （-1.981）	-0.006 （-0.932）	-0.024 （-0.982）

续表

	东部	中部	东北部	西部
上市公司年龄对数 （Ln_Age）	-0.005 （-1.094）	-0.006 （-1.618）	-0.002 （-0.739）	-0.006 （-1.056）
私企（Owner Type＝1）	0.145*** （-3.526）	0.254** （-2.199）	0.008 （-0.232）	0.158 （-1.274）
常数项（_cons）	-0.087 （-1.590）	0.084 （-1.304）	0.035* （-1.876）	-0.072 （-1.269）
样本数	2463	655	235	951
F	25.662*** （0.000）	0.837*** （0.635）	271.047*** （0.000）	16.029*** （0.000）
sargan	5418.030*** （0.000）	1797.943*** （0.000）	49.775*** （0.222）	601.911*** （0.000）
hansen	49.011 （0.245）	43.095 （0.467）	37.905 （0.691）	40.460 （0.582）

注：***、**、*分别表示在1%、5%、10%水平下显著；（）内为t值。

在分行业回归结果中，本研究在中国证券监督管理委员会2015年第四季度上市公司行业分类结果基础上，再次将所选样本分为工业、商业、公共事业和其他综合行业四大类，表5-15的回归结果显示：工业行业变量均在1%与5%水平下通过显著性检验，而商业与公共事业行业没有通过显著性检验，这与笔者预期的结果相一致。原因是：近年来的宏观经济环境决定了中国工业企业，特别是制造企业遭遇国内外需求市场双双疲软状况，相较于其他商业、公共事业及综合行业利润水平更低，新增投资动机不强，因此，无论是管理者还是控股股东都有较强的炒钱动机。在商业企业中绝大多数属于零售企业，资金周转周期较短，利润水平也较高，资本回报较高，因而管理者和控股股东的炒钱动机不强。而公共事业中国有企业较多，企业生产产品的公共属性决定了企业的经营目的并非为利润最大化目标，因而炒钱动机不强烈。综合行业中绝大多数企业属于服务型企业，其经营业务性质相比工业企业的固定资产投资比重较小，其主营业务与虚拟投资项目具有更高的相似性，统计结果中管理者非正常收益比例与大股东侵蚀资金比例在1%水平下通过显著性检验，说明管理者与控股股东均有较强的炒钱动机。

表5-15　两权分离对资金空转影响的分行业回归

	工业	商业	公共事业	其他综合行业
被解释变量	资金空转比例（Virr）			
管理者非正常收益比例（Acmr）	1.273** （-2.033）	-0.723 （-1.326）	-0.336 （-0.901）	4.572*** （-4.465）
大股东侵蚀资金比例（Ecr）	-0.002 （-0.375）	0.193** （-2.454）	-0.019 （-0.996）	0.363*** （-5.908）
两权分离率（Scc）	-0.041*** （-2.979）	0.007 （-0.365）	-0.014 （-1.389）	0.064 （-1.232）
上市公司年龄对数（Ln_Age）	-0.008** （-1.964）	0.004 （-0.830）	0.000 （-0.072）	-0.010 （-1.363）
私企（Owner Type=1）	0.232*** （-3.584）	-0.043 （-0.393）	0.176* （-1.811）	-0.206 （-1.300）
常数项（_cons）	-0.084** （-2.044）	0.056 （-1.143）	-0.026 （-0.596）	-0.100* （-1.739）
样本数	2972	354	559	419
F	2.745** （0.018）	34.907*** （0.000）	0.955 （0.534）	163.241*** （0.000）
sargan	1267.656*** （0.000）	310.060*** （0.000）	1524.332*** （0.000）	1269.330*** （0.000）
hansen	33.004 （0.865）	36.518 （0.747）	33.493 （0.851）	34.020 （0.834）

注：***、**、*分别表示在1%、5%、10%水平下显著；（）内为t值。

为使研究结果更加可靠，对本研究的实证分析结果进行稳健性检验。参考李寿喜（2007）、徐寿福和徐龙炳（2015）的做法，用管理费用与主营业务收入的比率来衡量管理者的代理成本大小，采用其他应收款占总资产的比例来度量第一类代理成本。参考文春晖和任国良（2015）的方法，用控制权与现金流权之间的差额与现金流权之比来替代两权分离率，所得回归分析结果如表 5-16 所示。

表 5-16　稳健性检验结果

	全样本 系统 GMM	顺周期 系统 GMM	逆周期 系统 GMM
被解释变量	资金空转比例（Virr）		
管理者非正常收益比例 （Acmr）	1.434 *** （2.582）	1.625 * （1.624）	0.464 * （1.776）
大股东侵蚀比例（Ecr）	0.256 （1.295）	0.144 （0.880）	0.030 （0.159）
两权分离率（Scc）	−0.028 *** （−3.048）	−0.023 *** （−3.327）	−0.043 ** （−2.229）
上市公司年龄对数 （Ln_Age）	−0.056 ** （−2.151）	−0.065 （−1.399）	−0.015 （−1.354）
私企（Owner Type＝1）	0.195 *** （4.253）	0.173 *** （4.171）	0.272 *** （2.955）
常数项（_cons）	−0.305 *** （−2.663）	−0.348 * （−1.702）	−0.121 * （−1.706）
样本数	4304	2083	1695
F	12.631 *** （0.000）	13.821 *** （0.000）	3.255 *** （0.000）
sargan	993.589 *** （0.000）	150.758 *** （0.000）	12.958 （0.113）
hansen	31.237 （0.909）	3.133 （0.926）	2.010 （0.981）

注：*** 、** 、* 分别表示在 1%、5%、10%水平下显著；（）内为 t 值，行业和省份的估计结果过多，未在表中列示。

对比表 5-6 和表 5-7 可以发现，通过分别用全样本、顺周期样本和逆周期样本用替代变量进行稳健性检验，所得结果基本一致，说明上文中关于上市公司管理者代理成本、两权分离率以及大股东侵蚀资金对上市公司投资决策影响所导致的上市公司资金空转比例影响的结果是可靠的。

第五节　主要结论与启示

本章主要沿袭第四章的分析框架，检验终极控制、代理成本与虚实分离之间的关系与效用，主要分两部分进行实证分析：一是利用中国上市公司 2006~2015 年的相关面板数据对这些理论发现进行了经验检验。研究结果表明，两权分离度对管理权私利存在抑制效应，对控制权私利存在助长效应，对企业价值存在侵蚀效应，在此基础上基于控制权的经济属性差异，把上市公司终极控股股东分为"虚拟终极控制人"和"实体终极控制人"两类，比较分析了两类控股股东金字塔持股下的公司内部人私利差异，以及两权分离对内部人私利和企业价值的经济效应差异，发现由虚拟终极控股股东控制的上市公司的内部人私利水平比实体终极控制人控制下的上市公司内部人私利要高，而且虚拟终极控制人因金字塔持股导致的两权分离度的管理权私利抑制效应、控制权私利攫取效应和企业价值侵蚀效应较实体终极控制人控股的上市公司要高。二是选取中国 1656 家非金融与非房地产开发上市公司 2007~2015 年的 4304 个样本面板数据，通过建模估算管理者代理成本、两权分离率、大股东侵蚀资金比例等变量实证检验了所提出的理论假设。得出了以下结论：一是管权私利是影响上市公司通过子公司、联营与合营企业进行房地产投资与金融资本投机的主要因素，控制权私利对上市公司资金空转影响不明显，没有通过显著性检验。二是管理权私利对上市公司资金空转的影响通过控股股东两权分离率形成强化或削弱效应：经济顺周期中，资金空转比例与管理者与控股股东代理成本成正比，与公司终极控股股东两权分离率成正比；经济逆周期中，资金空转比例与管理者代理成本成正比，与公司终极控股股东两权分离率成反比。三是民营企业相比国有企业具有更强的资金空转动机，东部和中部上市企业相较于东北部与西部地区企业具有更强的炒钱动机，工业企业与综合类企业炒钱行为相较于商业与公共事业企业，炒钱行为更为严重；最后，本研究采取替代变量对经济顺周期、逆周期以及全样本进行检验，发现结果十分稳健。

从以上研究结果不难发现，实体企业投资房地产与从事短期金融资本投机是中国实体经济转型与升级困难的根本原因。首先，上市公司将本该投入实体经济的资本投入了房地产行业或短期炒作资本中，挤占了实体企业的资金，促使虚拟经济与实体经济的分离，加剧了融资市场的二元结构，造成实体企业融资困难，特别是小微企业的融资饥渴。其次，上市公司参与房地产和短期金融资本炒作的过度投机行为造成了房地产与金融市场的虚假繁荣，在利益驱动下催生出房地产市场的过度供给，实体经济发展空间进一步压缩，经济泡沫化进程加速，经济结构扭曲。最后，上市公司的房地产投资与金融炒作通过银行借贷杠杆、分期付款、信托等金融信用工具，一方面沉淀了大量的资金，扼杀了未来消费潜力；另一方面许多企业资金通过高息的"过桥"融资或通道业务发酵成热钱，既提高了市场资金成本，又加大了系统性金融风险。因此，杜绝上市公司参与房地产开发行业与金融投机业务是化解中国经济困局和落实中国"三去一降一补"的主要出路。从政策层面来说：一是通过严格的制度监管，努力降低管理权私利。明确上市公司控制关系，规范企业治理制度，加强对非地产与金融上市公司的资本监管，禁止非地产与金融公司参与资金空转的行为。二是针对经济周期的不同阶段施行分类调控。特别是中部、东部的工业企业，基于经济顺周期与经济逆周期资产价格波动特征，需要采取有效的监管措施，加强对私有企业炒钱行为的监管，搭建由企业—银行—政府联动、微观—宏观全面协调的自下而上审慎调控资本的监管框架，经济逆周期中，需要多途径、多手段消化和挤出经济泡沫，降低融资成本，化解经济系统性风险。三是构建大—小企业联动扶持机制，在宏观投资环境较差的经济逆周期中，鼓励和倡导大型工业企业和私营企业进行有影响力投资（Impact Investment）和耐心投资（Patient Investment），合理引导资本流向实体经济，杜绝上市企业资金空转行为。

| 第六章 |

资本脱实向虚防范政策体系构建

第一节　资本脱实向虚的核心问题

一、正确认识虚拟经济与实体经济的关系

凯恩斯将 20 世纪 30 年代发生的经济危机归结为"市场失灵",主张政府实行干预的政策,弗里德曼将 20 世纪 70 年代出现的"两高一低"现象归结为"货币失调",主张通过货币管控进行治理。然而,自 20 世纪 90 年代以来,以亚洲金融危机和美国次贷危机为代表的经济危机呈现新的特征:危机缘起于虚拟经济,依靠价格机制与信用系统传导到实体经济部门,并因虚拟经济脱离实体经济,造成实体经济"造血"功能丧失,资金链紧张甚至断裂,对实体经济造成损害。对此,有些学者从不同角度对虚拟经济出现问题加以解释:一种观点认为,这是一场由金融创新过度导致虚拟经济脱离实体经济轨道而产生的信用危机;另一种观点则认为,是金融监管不足导致虚拟经济发展失控,产生泡沫经济,对实体经济造成了负面影响。因而,各方就当前虚拟经济发展方向是什么、中国是否需要继续推进利率市场化改革、如何加快金融创新步伐和泡沫经济治理、如何更好地促进实体经济发展等问题展开激烈争论。笔者认为,对虚拟经济本质的研究还有待考证,对如何发展虚拟经济可能存在认识误区。具体来说,存在以下两个方面的误区:

1. 认识误区一：金融发展非"虚""实"背离之因，泡沫经济乃融资困顿之根

根据马克思的观点，虚拟资本是在借贷资本和银行信用基础上产生的，主要包括银行借贷信用、有价证券、名义存款准备金及投机票据等。其本质不是资本，是一种取得定期收入的所有权或债权证书，以有价证券的形式存在，具有自由转让的特性。它本身不具有价值，但是它能代表实际资本投入到生产和消费领域。虚拟资本对实体经济的作用具有双重性：一方面具有经济性。虚拟资本是一种价值符号并享有交换价值，是实体价值的代表。因而虚拟资本的扩张不仅可以提高资源配置效率和实体经济运行效率，而且资本证券化和金融衍生工具所提供的套期保值功能，为实体经济发展提供稳定的经营环境，降低了实体经济的经营成本和因价格或汇率波动引致的不确定性，使实体经济稳定增长。另一方面具有虚拟性。虚拟资本的交换物在形态上是虚拟的，以价值符号为交易对象，是实体价值的影子，容易发生脱媒现象，如果虚拟资本过度膨胀，引致股票和房地产等长期资产价格上涨至超过其本身价值，导致实体经济虚假繁荣，形成泡沫经济，大批投资者将资金滞留于虚拟经济领域进行投机活动，使之在金融体系内部空转与金融机构间形成"钱炒钱"现象，资金从实体经济流出，虚拟经济挤占实体经济所需资金，损害实体经济发展。泡沫经济扩张表明有利于资本集中、活跃市场，但由于支撑的是大量投机活动，导致这只是繁荣下的幻影，实体企业特别是中小企业依然融资困顿。

2. 认识误区二：金融创新加速非资本投机之因，影子银行猖獗乃金融风险之源

金融创新是通过对金融体系内部各种要素的重新组合，变更现有的金融体制和增加新的金融工具，以获取现有的金融体制和金融工具所无法取得的潜在利润的过程。广义上的金融创新包括制度创新、业务创新与组织创新三种；狭义上的金融创新则单指金融工具的创新。金融工具创新能够扩大信用范围、促进风险转移、增加资产流动、进行价值创造等，许多投机者利用金融工具创新进行短期套利，把金融风险转嫁到其他投资主体上。金融工具创新遵循零和博弈的规则，并不能消除风险，只能转移或转嫁风险，因而投资者如果运用金融创新工具进行过度投机，会导致系统性风险增加，最终导致

金融危机发生，美国次贷危机就是最好的实例。

影子银行正是金融创新的产物，它利用金融工具创新与货币市场上的投资者、资本市场上的长期筹资人进行了资产和期限的互换，从短期资本市场融资形成期限较短的负债，来投资期限相对较长的资产而获取更高的收益。影子银行使整个金融体系的信用期限机构发生了改变，使原本具有高度流动性的资产转变为流动性较差的资产，出现了期限错配。因而，一旦市场出现不稳定因素，市场预期转变，投资银行、对冲基金和私募基金等影子银行机构就会出现"挤兑"现象，由于影子银行无法将长期资产立即变现，从而出现流动性不足的局面。影子银行一度是严重的金融风险隐患，在 2016 年达到最高峰。影子银行资产在 2017 年以后一直延续着下降的趋势，2021 年《中国影子银行季度监测报告》显示，影子银行资产占名义 GDP 的比例降至49.8%，创下 2013 年以来的最低水平。虽然影子银行资产比例在下降，但是带来金融风险的可能性仍然很大，2022 年中国人民银行推动整治影子银行乱象的行动，近 5000 家 P2P 机构全部停业。笔者认为，制约中国经济发展的根本问题不是金融创新过度而是金融创新不足，金融创新不能简单理解为投机者规避与转嫁风险而获取套利的行为，而是一个系统性的概念，打破当前金融垄断结构、注重体制层面与组织层面创新才是中国金融创新的方向。

二、虚拟经济与实体经济耦合发展是防范资本脱实向虚的关键

受新冠肺炎疫情冲击，截至 2020 年我国外贸和固定资产投资增速双双下滑，PPI 也随着疫情的反复起伏不定，经济形势不容乐观。与此同时，尽管M1、M2 保持较快增长，人民币新增信贷增速放缓，但真正流入实体经济的资金却不多，无法满足实体产业进一步扩大生产所需要的成本总量，实体经济需要向高层次、多元化的方向发展，离不开大量的经济基础。此外，资本出逃现象依旧严重，仅 2022 年 3 月以来北上资金出逃 600 亿元，北上资金净流出达到近 400 亿元；2022 年 4 月央行外汇占款余额环比减少 176 亿元，此前外汇占款余额曾连续上升了 7 个月，4 月我国外汇储备较 3 月下降 683 亿美元，降幅为 2.14%；到 2021 年底公共卫生事件导致全球银行业信贷损失约2.1 万亿美元，主要是由企业和个人部门贷款出现的问题导致的，银保监会公

布 2021 年第四季度商业银行不良贷款余额 2.8 万亿元。金融市场中存在的问题和隐患似乎会长期存在。

党的十六大第一次提出"要正确处理好虚拟经济与实体经济的关系",虚拟经济必须与实体经济相互协调,绝不能因为虚拟经济出现问题而影响实体经济的开展。2017 年国家发改委宏观经济研究院报告指出要强化制度约束,防止虚拟经济领域过度投机,牢牢把握发展实体经济这一坚实基础。2021 年中国社会科学院研究员胡怀国在《国家治理》上分析了新形势下如何处理实体经济与虚拟经济的关系,从而更好地推动新发展阶段实体经济高质量发展。自 2022 年以来,央行大力支持开发银行、农业发展银行,共设立规模为 3000 亿元的金融工具,重点投向基础设施建设,为了解决重大实体项目资本金到位难等问题,为了更好地从虚拟经济支持实体产业复工复产以及对其提供融资支持。可见,虚拟经济对实体经济资金上的挤占、二者在结构上的不协调以及存量与增量上的非耦合发展成为当前经济的主要问题。

金融危机根源于虚拟经济与实体经济的非耦合发展。

1. 全球虚拟化趋势不可避免

自 20 世纪 70 年代以来,世界经济出现了新的趋势,随着布雷顿森林体系的崩溃,黄金非货币化趋势使得货币在世界范围内出现了彻底虚拟化的趋势。突出表现为大量资金"脱媒"(Disintermediation),从银行储蓄机构撤出,进入市场敏感性更高的资本市场;许多缺乏流动性的资产与无形资产(如房地产、抵押贷款)通过证券化、金融交易过度杠杆化,加深了虚拟化程度;发达国家的金融深化与发展中国家的金融自由化和国际化发展使国际金融市场规模扩大,全球资本流动使整个世界密切联系在一起,同时也使金融风险扩展到全球各个角落。虚拟经济不再是实体经济的附属品,而是越来越脱离实体经济而日益成为一个相对独立的经济活动领域,并日益成为经济的主流,加速推动了全球经济进入虚拟经济时代。

2. 虚拟经济与实体经济耦合发展是防范金融风险的根本出路

针对我国一方面大量游资、热钱等短期性投机资金造成了经济滞胀,另一方面产能过剩、企业融资难等问题并存,笔者认为,我国经济发展的本质问题是长期性投资不足,如果资本不能按效率、按风险进行合理配置,价格机制失灵,机会主义与泡沫经济则难以消除。从本质上说,虚拟经济解决资金来源的问题,实体经济则解决资金使用的问题,虚拟经济与实体经济是两套完全独立的价值系统,其独立性趋势在新经济大背景下愈演愈烈。国家已经把转变增长方式、转型升级与走新型工业化道路落实到发展实体经济之上,而与之相对的虚拟经济却还处于相对滞后的局面,如果二者彼此分割,不能耦合发展,那么我国实体经济中资金要素流出的问题将难以根治。为此,党的十六大报告中提出应正确处理好实体经济与虚拟经济的关系,党的十八大报告指出要努力发展实体经济,夯实经济基础。2017年习近平总书记在党的十九大报告中指出建设现代化经济体系,必须把发展经济的着力点放在实体经济上。因此,实现虚拟经济与实体经济的耦合发展,实现“两条腿走路”是解决我国经济问题、杜绝金融危机发生的根本所在。

第二节　资本脱实向虚的政策防范体系

一、虚拟经济层面防范策略

在经济高速发展的中国,伴随着金融市场化与金融开放程度不断提高,虚拟经济脱离实体经济、金融风险防范、泡沫经济治理等问题不断涌现。特别是,控制虚拟经济规模适度发展,防范虚拟经济过度膨胀,实现虚拟经济与实体经济耦合发展更是我国需要克服的难题。笔者认为,如果实现利率市场化,进一步放开贷款利率管制,金融机构与客户协商定价的空间将会扩大,有利于促进金融机构差异化定价策略,降低企业融资成本;有利于金融机构不断提高自主定价能力,转变经营模式,提升服务水平,加大对企业、居民的金融支持力度;有利于优化金融资源配置,更好地发挥金融支持实体经济的作用,更有力地支持经济结构调整和转型升级。可见,利率市场化是虚拟经济健康发展的前提。

面对银行短期拆借利率连续走高、A股市场持续低迷、虚拟经济脱离实体经济等问题,中国人民银行货币政策委员会提出要优化金融资源配置,用好增量、盘活存量，更有力地支持经济结构调整和转型升级，更好地服务于实体经济发展；2013 年 6 月 8 日，国务院总理李克强在主持环渤海省份经济工作座谈会时强调靠刺激政策、政府直接投资，空间已不大，必须依靠市场机制，要通过激活货币信贷存量支持实体经济发展。2019 年，工业和信息化部提出到 2025 年我国虚拟现实产业整体实力要进入全球前列。2021 年"十四五"规划指出将虚拟经济与实体经济加速融合，两者成果相互转换。在笔者看来，促进虚拟经济健康发展并更好地为实体经济服务，需要从以下几个方面入手：

一是对二者进行传统的总量控制。虚拟经济与实体经济背离的根本原因在于二者总量上的失衡。虚拟经济与实体经济的比例失调，虚拟经济发展过快，实体经济发展相对滞后，在总量上虚拟经济以几何倍数快于实体经济增长，并且速度有增无减。因此，与凯恩斯、弗里德曼和萨缪尔森等所持的观点一致，促进二者耦合发展的关键就在于把握二者的总量平衡。具体来讲，首先中央银行要严格控制 M2 的发行量，完善储备金制度和外汇管理制度，防止虚拟经济总量膨胀过度；其次要求银行严格控制信贷规模，严格把控金融工具创新所带来的虚拟经济规模过度膨胀；最后需要在流通速度上加强监控，防止投资投机行为。

二是需要进行过程控制。虚拟经济脱离实体经济实质上是信用膨胀的过程，是信用机构与投资者行为的结果。一方面，由于信用机构的经济人效应，其具有无限信用扩张的内生动力；另一方面，投资者受投资收益率的驱使，加剧了信用扩张行为。而金融衍生产品虚拟经济对资金需求的不确定性极大，虚拟经济的景气、膨胀或萧条直接影响实体经济领域资金流向变化。比如，股票市场持续向好，会引起实体经济领域的资金流向虚拟经济领域，在这种情况下，对实体经济的货币需求与供给的平衡就难以把握，导致虚拟经济容易脱离实体经济。因而，二者的分离需要从过程上进行控制。过程控制的关键在于：首先，要进行价格控制，实体经济收益价格与虚拟经济收益价格不能相差太大，否则由于资金的趋利性会导致二者分离。其次，要从价值层面进行控制，财富社会价值化的趋势不可避免。因而，在迎合这种趋势时，要把握虚拟经济的运行规律，完善金融调控体系，提高金融监管水平，防范金融风险，要充分发挥我国虚拟经济的积极功能，发展与实体经济相适应的虚拟经济，提高和维持较高的市场信心，提升资源的配置效率。

三是加快金融创新步伐，实现有效监管与金融创新"两条腿"走路。我国产能过剩、结构调整与融资困境等问题突出。解决这些问题的一条重要出路是，以金融创新作为带动实体经济其他要素创新的支点，从传统的要素驱动发展的方式向基于创新驱动的方式转变。改变传统金融资源配置方式，从金融体制、管理方法、金融组织与金融工具等方面进行全面、系统的创新，这也是我国经济"软着陆"的突破口。但是新事物的发展是一个从不完善到完善的过程，金融投机也可能会伴随金融创新的推进而出现，这就需要金融监管与金融创新同步，杜绝内部人控制、内幕控制的现象发生。

四是加快利率市场化改革步伐，加快要素市场体系建设，充分发挥金融市场功能。资金也是生产要素的一种，虚拟经济与实体经济发展不协调，要素市场的不健全也是原因之一。如果虚拟经济滞后于实体经济发展，实体经济创造无形资产的能力将受到抑制，二者无法产生良性互动的关系；如果虚拟经济脱离实体经济而过度膨胀，则产生"泡沫经济"，泡沫一旦破灭，虚拟状态便不复存在，实体经济将受到严重冲击。改变上述现状的突破口是走利率市场化道路，让资金价格由市场供求双方共同决定，使市场机制所决定的供需关系在金融体系中起到配置资源的基础作用。只有通过实现利率市场化，才能有效发挥金融市场的风险集散功能和资源分配功能。实现利率决定、利率传导、利率结构和利率管理的市场化成为虚拟经济健康发展、更好地为实体经济服务的关键。健全要素市场体系，首先需要加强虚拟市场体系建设，进行体制创新，优化政策、监管与法律环境；其次要优化金融组织结构与行业组织结构，建立合理的区域要素流动体制；再次要培育长期性投资主体，建立灵敏的利率价格机制与风险分担机制；最后要加强国际合作与协调，推动人民币国际化，提高人民币在世界货币体系中的地位。

二、实体经济层面防范策略

实体经济以制造业为发展主体，而先进制造业是中国的先导产业，如果说制造业是当前中国经济的主要支柱，那么先进制造业则是中国未来经济的核心。改革开放以来中国制造业的快速发展一方面得益于低廉的劳动力成本优势，在劳动密集型产业、产品领域占据相当的优势，形成很强的竞争力；

另一方面依靠巨大的消费需求市场，容纳海量的产品，形成了规模经济。近年来，中国制造业面临成本上升和需求疲软的双重约束，不仅制造业发展受阻，而且先进制造业的发展更是困难重重。根据需求与成本约束程度，先进制造业受外部环境影响可分为严重、影响不明显与逆势反弹三种情况，绝大部分先进制造企业处于被严重影响的集合内。总体来看，中国先进制造业存在重制造、轻研发现象，技术开发与技术创新能力薄弱，企业缺乏活力，管理机制与管理思想落后，市场机制不完善，缺乏世界品牌等特征；与世界先进国家相比较，中国先进制造业发展的问题表现在：一是结构不合理，普通产品总量过剩，体现竞争力的重大技术装备却不能满足要求；二是生产效率低下，从产品技术、生产技术与管理技术和应用来看，与工业发达国家相比仍然有很大差距，特别是在劳动生产率、工业增加值率、能源消耗等方面差距更大。我们认为，应从以下几方面发展中国先进制造业：

（1）积极拓宽新市场，注重挖掘客户需求。小米手机能在严峻的国际形势下稳住全球前三的位置离不开高端化战略的持续推进，资金投入从广告向产品本身转移，不断提高产品质量和用户体验感，截至 2022 年 3 月，小米全球专利授权数超过 2.6 万件，全球专利申请数超过 5.3 万件，在稳固了近五成小米老用户的基础上定位消费能力高的年轻群体，使得 2021 年小米手机销量为 1.9 亿部左右，同比增长 28%，创造了 193.39 亿元的净利润。内蒙古伊利、双汇、中国铝业采取挖掘客户需求的策略，成功降低了需求下降对自身发展的影响。因而，在外部需求疲软的背景下，中国先进制造业发展不能消极等待，更应当主动出击：一是要注重新市场的开拓。要敏锐地发现和开拓市场，不仅要开拓不同地域的市场，更要注重不同领域市场、同一领域层次更高的与交叉领域市场的开拓。二是注意新产品的开发。积极开发新的产品，注意产品的更新换代，注重消费者的需求，采取"产品本土化""产品差别化"的战略。三是注重营销方式的创新。网络技术的快速发展改变了生产组织结构，网络营销拉近了最终消费者与生产者的距离，节省了企业和消费者的交易成本，注重营销网点的发展，要将营销网点深入市场的各个角落，并将新的网络营销与传统的营销方式结合起来，充分挖掘客户的内在需求。

（2）加大科技研发投入力度，培育企业核心竞争力。在疫情影响下各国面临外部需求锐减，而原材料成本、物流成本等普遍上涨，但是根据最新报告，在过去 5 年里 30 多个国家出台关于科研领域的具体战略，很多企业科研费用不但没有降低，反而大幅增加。2021 年三一重工集团研发费用投入 65.09 亿元，较上一年增加 15.17 亿元，增幅为 30.4%，有力推动了企业"两新三化"战略。三一重工建立新能源、无人驾驶、通用化等九大专业技术委员会，并实施研发人员倍增计划，截至 2021 年底，三一研发人员 7231 人，较 2020 年底增长 35%。从宏观视角来看，每一次科技突跃都会带来经济飞跃，那些率先采用新科技的企业都会因此而获得新的腾飞，而因循守旧的企业则会在大浪淘沙中消亡。从微观视角来看，产品先进性、技术先进性是先进制造业区别于普通制造业的特征，同时也是先进制造业增加附加值、培养核心竞争力的根本要求。因而，先进制造企业依靠先进技术率先取得竞争优势，形成核心竞争力成为应对需求疲软与成本上升的最好方法：一是加大科研资金总量的投入力度，开拓新的竞争优势。在劳动力成本优势逐渐丧失的背景下，中国制造业的竞争力优势越来越不明显，需要通过大幅度研发投入进行技术改进与产品创新，在提高产品质量、增加产品附加值、降低产品成本等方面发展新的立足点。二是要提高投资效率。做到专款专用，将科研资金投入到投入产出比较高的领域。三是加快成果转化，创新产学研一体化发展机制，加大大学—企业、科研机构—企业的衔接，将专利产品技术转化为生产力。

（3）加强先进技术与企业的契合度，发挥 1+1>2 的效应。先进制造业的最突出特点是其设计、生产、加工技术的先进性，但是仅仅靠单独的先进生产技术并不能为企业带来更好的效果。先进制造业企业所采用的不同的先进技术之间，先进技术与企业战略、企业组织构架等之间均存在契合度的问题，如果协同不当，则会造成企业与其所采用的先进技术相互掣肘，造成 1+1<2 的状况。一方面，从短期来看，先进制造企业应该根据自身的企业战略、企业组织构架等情况来选择最适合本企业的先进技术，所谓"最适合"的先进技术，就是指针对该企业的具体情况来说性能—价格比最好的先进技术，这种性能—价格比会因为不同企业对性能、价格的敏感性不同而不同，有些企业客观上对于成本相当敏感，其选择时就会给价格增加更多的权重，反之，有些企业会为性能增加更多的权重，因此不同企业客观上对于先进技术有着不同的需求，先进制造企业应该根据自身的特点来追求先进技术，而非盲目

跟风，当企业与其先进技术有了良好的契合度时，就会推动由学习曲线带来的学习经济更好更快地产生积极作用，进而提高生产效率而降低生产成本；另一方面，从长期来看，先进技术也在驱使企业战略、企业组织构架等一系列的设定变化，比如在 1992 年，中国的十几家生产录像机的企业联合起来引进日本的自动生产线，以发展中国录像机产业为战略目标，但是随着几年后 VCD 产品对录像机产品的替代，更为先进的技术与该集团战略目标有了很大的差异，最终该集团由于坚持旧的战略目标而惨遭失败。再比如柯达公司是世界上最先研制出数码相机的企业，但由于它没有改变其传统的以胶片产品为中心的战略，也没有进行部门结构的调整，最终由影相产业的龙头企业下滑到了破产的境地，从以上两个案例可以看出，企业对于那些可能引起自己战略变化的先进技术也应敏感。综上所述，在需求疲软、成本上升的情况下，中国各个先进制造企业应根据自己的实际情况，找出自己与先进技术的结合点，用最少的成本得到最大的效益，此外，一定要关注新的技术，随时准备好改变原有的战略以适应新的技术，从而创造新的竞争力和企业增长点。

（4）优化组织结构，提高组织效率。当前，国内外经营环境、融资环境、客户需求环境、竞争环境都变得空前复杂，需要企业组织对外部环境变化做出快速反应，优化组织结构、提高组织效率成为企业的第一生命力。将传统金字塔式的组织结构改成面向市场、需求的"倒三角"结构，将传统的领导者由上至下领导、下级由下至上反映等待批示等费时费力的模式转变为员工听用户的、企业听员工的，为用户创新方案的模式，并结合"人单合一双赢模式"在瞬息万变的信息化时代准确把握需求的走向，组织结构尽量做到扁平化，并做到对市场能迅速做出反应。

（5）加大政府扶持力度，营造稳定的经济环境。改善资源供求结构，严格控制原材料价格过度上涨，避免先进制造业过度受到成本挤压；改善先进制造业的融资环境，鼓励民间资本对制造业进行投资，防止虚拟经济对实体经济形成资金挤占；加强创新型人才培养，为先进制造业的发展做出长远规划与储备；完善社会保障体系，解决人民的后顾之忧，提高人民的收入水平，真正让人民有钱花、敢花钱。

三、工业经济转型升级策略

（一）东部县域工业经济存在的主要问题

在东南沿海地区，众多城市的经济发展方式仍然依靠粗放型的要素投入模式，个别部门和企业的建设和发展仍主要靠国家政策性补贴和资源倾斜（王忠宏、张曼茵，2012），通过剖析发现，县域的二元经济结构、资源与环境的双重约束、科研创新能力与信息化的欠缺及县域人力资源短缺已经成为阻碍其新型工业化发展的重要因素（佟光霁、韩敬宇，2017）。劳动力成本上升、产业结构调整对中国工业经济发展方式转变具有明显的改善作用，对中国产业升级及企业创新也有较强的正面效应；短期"外循环"不畅，对中国工业经济高质量发展不存在长期不利影响（吴滨、肖尧，2021）。

笔者认为，建设符合我国各地区的新型工业化道路，就需要加快解决产业主体层面和辅助支撑层面的滞后与脱节问题，调整转型升级的路径选择。

（二）中国工业产业主体层面的发展策略

1. 区属层面：灵活应对转型升级，变通产业引导政策

要因地制宜地实施产业引导政策。政府要认识到经济结构调整和产业结构升级不可能一蹴而就，需要长期坚持和不懈努力。在始终坚持推进产业结构调整方向不动摇的前提下，各地区要实施灵活有效的产业引导政策。从具体政策方向来看，政府应积极引导劳动密集型、资源密集型企业向技术密集型企业转型，加快推进产业数字化转型升级。实施科技创新、节能减排战略，实现区内工业的更新升级；在鼓励企业异地转移的同时，也应支持企业就地转型升级，继续深化产业分工，保持本土工业优势，推动产业集群升级，实现区内产业网络的深化和拓宽，壮大产业整体实力；对于基础设施建设，要加快投资环境的改善和服务平台能力的提高，为新兴产业和高新技术产业的引进提供良好的配套环境。通过变通产业引导政策，灵活审慎地实施各种政策手段来应对转型升级，推动产业结构软化和产品高附加值化。

2. 集群层面：推动产业集群升级，培育企业共生能力

要注重大中小企业之间的协调联动发展，进一步培育集群内企业的共生能力。既要组建优势互补的龙头骨干企业，又要培育一批具有市场活力的小

企业，做到以大带小、以小促大、强强组合、强弱联合，并最终形成一批具有国际竞争力的大型企业集团和一批以"强、精、专"为特点的配套企业集群，进而推动产业集群转型升级。在产业升级方向上，应加快企业高效节能产品、环境标志产品和资源循环利用产品等在企业间的推广运用，形成一批会聚高速成长的龙头企业和中小企业的战略新兴产业集群。同时，要进一步发展生产性服务业，完善集群内的产业链条，通过加大会展中心、共同采购中心、物流配送中心的建设力度，提升产业集群的公共服务平台能力，并尝试将公共服务平台进行社会化运作，提高资源的再分配效率。

3. 产业层面：发展战略新兴产业，引领工业转型升级

政府应充分发挥其引导作用，通过财税、金融和相关产业政策的制定和实施，为战略新兴产业发展创造良好环境。在产业资金扶持方面，政府应设立战略新兴产业发展专项资金，发展创业投资和股权投资基金，以"创新能力建设"为导向，对战略新兴产业的"产业创新链条"进行支持，鼓励和扶持企业技术引进和自主创新，促进战略新兴产业在技术领域取得重大突破。结合各地区的区位条件、产业结构和发展现状，鼓励主导企业发展循环节能经济、生态经济，进一步推动战略新兴产业的发展，引领工业转型升级。

4. 微观层面：优化产业组织结构，创新并购制度模式

在工业转型升级的过程中，政府要注重各项产业政策之间相辅相成、协调运作，进一步强调企业大型化、集团化，发挥企业并购整合的规模经济作用。在政策实施中，应在企业兼并重组方面积极尝试制度创新和模式创新。在完善企业兼并重组服务体系方面，仍需提高相关中介机构的服务体系和服务水平，创新外资利用模式，鼓励外资参与区属企业的兼并重组，通过兼并重组实现改革创新和资源整合，引导企业做大做强。在推动产业结构调整方面，要将不具备竞争力和自身能力不足的企业通过产权并购、兼并重组等方式纳入具有高竞争力的企业之中，将具备竞争优势的企业嵌入优势产业链之中，使工业组织结构进一步优化、产业链快速升级。

总体来看，区属层面、集群层面、产业层面和微观层面应协同一致、各有侧重，加强对资源优势的合理配置，提高政策落地速度和完成效率。在产业主题发展层面上，最关键的就是要逐步实现政府政策主导发展方向、产业集群强化共生联动能力、产业层面形成领导实力、企业层面整合升级，提高

产业发展主体的竞争实力。

（三）中国工业产业辅助支撑层面的发展策略

1. 提升政府政策能力，加强顶层升级设计

加快工业转型升级有赖于政府的顶层设计，政府能力的增长是产业升级和经济转型不可或缺的要素。要保持工业经济的持续发展，需要政府在领导产业升级和经济转型时具备战略性的眼光、知识和执行力，根据国内外的经济形势转变政策思维、加强学习，把宏观层面上的理论原则具体化为经济和产业政策的原则。由于每个产业都有其自身的技术轨道和发展路径，并处于技术和竞争条件永远变化的过程中，因此产业政策的有效性必须建立在工业特定的知识基础之上，进行系统性的组织学习，与工业的实践有效互动，系统地积累工业转型升级的知识和经验，不断提升政府的政策能力。

2. 创新金融政策法规，维持金融环境稳定

在中央政府金融政策的范围内，鼓励国有资本和民间资本共同参与，鼓励银行和企业间开展银企对接活动，通过大中型商业银行、中小金融机构以及民间金融市场的多元金融支持体系构建，形成多层次、多元化的信贷服务体系。在民间金融模式创新方面，要积极推进民间金融组织转变为规范化的中小企业融资服务机构，引导民间金融做更大的贡献。在金融生态环境方面，要大力开展诚信体系建设，改善金融生态环境，为中小企业营造良好有序的融资环境。同时，启动中小企业信用工程，完善现有中小企业信用担保体系，提高中小企业的信用度，最好直接参与信用担保体系建设，完善政府资金补偿机制和银行与担保机构风险共担机制。

3. 重视工业拉动城市，推动城市工业耦合发展

要坚持城市化和工业化可持续发展的"双赢"理念，按照优势互补、协调共生的原则进行科学全面的规划，统筹基础设施共建、资源共享、生态共保和污染共治，促进区域间协调发展。城市和工业的协同发展有利于本土投资的拉动、区属消费的扩大、工业发展空间的拓展、产业功能布局的优化和城市功能的完善，要实现城市化与工业产业耦合发展，提高城市化和工业化的协同驱动能力。具体来看，要以产业为依托，大力推进城市化进程，依靠领先的工业水平进一步完善城市化水平；以城市化为基础，通过城市化促进产业建设，带动工业化健康发展。在保证城市化和工业化耦合发展的基础上，也要避免工业化和城市化进程中的环境污染问题，注重生态循环城市建设，减轻环境污染，优化居民生存环境和提高生活质量。

从发达国家的产业演进历程来看，每个经济体大致会经过"劳动密集型产业—重化工产业—技术密集型产业—知识密集型产业"的升级历程。中国经济目前正处于工业化中后期阶段，亟待探索出一条"加快升级传统劳动密集型产业、大力发展高新技术产业、培育发展新兴产业"的新型工业化道路，工业是立国之本，工业化是一个国家经济发展的必由之路，推动区域间工业经济协调发展是贯彻落实区域协调发展战略、推进全面实现工业化的重要课题（胡伟等，2019）。本书认为，中国城市工业经济的转型升级必须形成城市化和工业化的"良性循环路径"：依靠工业化拉动城市化建设，依托城市化进一步发展工业化。只有在城市化建设的基础上，政府才能够把改善民生落到实处，才可能进一步有效发展生态经济和文创产业，打造特色区域城市名片；只有坚持以工业化为依托，才能找到转型升级的有力抓手，形成推动经济发展的原动力。从产业主体角度来看，在区属整体工业层面上，通过变通产业引导政策来提升整体工业的生产活力和运营绩效。通过科技体制改革带来技术市场发展，推动工业转型升级，并且这一推动作用主要通过技术进步和技术效率来实现（金通、骆砉函，2021）；在中观层面上，发展战略新兴产业和生产性服务业，技术溢出和人力资源在生产性服务业开放影响制造业全球价值链地位攀升过程中发挥了显著的中介作用（杨红燕、李冬雪，2022），引领工业转型升级，推动产业集群升级，培育企业共生能力；在微观层面上，进一步优化产业组织结构，创新组织间并购制度模式，有利于市场化程度较低地区以及高新技术民营企业创新能力的提升（刘斌斌、黄小勇，2021）。从辅助支撑层面来看，要大力发挥政府顶层设计、资源节约的生态循环经济、金融支持、城市化和工业化建设的耦合发展等方面的协同作用，形成有效的辅助服务体系。我国工业经济单纯依靠能源消费实现工业经济持续增长已不可行（董煜，2020）。产业主体层面和辅助支撑层面的能力提升与协同配合，将加快政策和管理模式创新，推进中国城市工业经济的转型升级。

参考文献

[1] Ahuja M K, Carley K M. Network structure in virtual organizations [J]. Journal of Computer-Mediated Communication, 1998 (4).

[2] Aravindan P, Punniyamoorthy M. Justification of Advanced Manufacturing Technologies (AMT) [J]. International Journal of Advanced Manufacturing Techno-logy, 2000, 19 (2).

[3] Asli, Demirgüç-Kunt, Maksimovic V. Funding growth in bank-based and market-based financial systems: Evidence from firm-level data [J]. Journal of Financial Economics, 2002 (65).

[4] Asli Demirgüç-Kunt, Maksimovic V. Law, finance, and firm growth [J]. Journal of Finance, 1998 (6).

[5] Attig N, Fischer K P, Gadhoum Y. On the determinants of pyramidal own-ership: Evidence on dilution of minority interests [R]. EFA Maastricht Meetings Paper, No. 4592, 2004.

[6] Audretsch D B, Feidman M P. R&D spillovers and the geography of in-novation and production [J]. American Economic Review, 1996, 86 (3).

[7] Bebchuk L A, Kraakman R, Triantis G. Stock pyramids, cross-owner-ship, and dual class equity: The mechanisms and agency costs of separating control from cash-flow rights [R]. NBER Working Paper, No. 6951, 1999.

[8] Beck T, Demirguc-Kunt A, Maksimovic V. Bank competition and access to finance: International evidence [J]. Journal of Money, Credit, and Banking, 2004, 36 (3).

[9] Berle A, Means G. The modern corporation and private property [M]. New York: Commerce Clearing House, 1932.

［10］ Brooks R. Asset-market effects of the baby boom and social-security reform ［J］. The American Economic Review, 2002, 92（2）.

［11］ Cagliano R, Spina G. Advanced manufacturing technologies and strategically flexible production ［J］. Journal of Operations Management, 2000, 18（2）.

［12］ Carter M. Financial innovation and financial fragility ［J］. Journal of Economic Issues, 1989, 23（3）.

［13］ Cassiman B, Perez D, Veugelers R. Endogenizing know–how flows through the nature of R&D investments ［J］. International Journal of Industrial Organization, 2002, 20（6）.

［14］ Claus Greiber, Ralph Setzer. Money and housing-evidence for the euro area and the US ［R］. Deutsche Bundesbank Discussion paper, 2007.

［15］ Corea J E, Guaya W, Larckerb D F. The power of the pen and executive compensation ［J］. Journal of Financial Economics, 2008（88）.

［16］ Crotty James R, Don Goldstein. Do US financial markets allocate credit efficiently? The case of corporate restructuring in the 1980s ［A］ // Gary A. Dymski, Gérald Epsteinet Robert Pollin, et al. Transforming the U. S. financial system: Equity and efficiency for the 21st century ［M］. New York: M. E. Sharpe, 1993.

［17］ David P A, Hall B H. Heart of darkness: Modeling public-private funding interactions inside the R&D black box ［J］. Research Policy, 2000, 29（9）.

［18］ David P A, Hall B H, Toole A A. Is public R&D a complement or substitute for private R&D? A review of the econometric evidence ［J］. Research Policy, 2000, 29（4）.

［19］ Davidson C, Segerstrom P. R&D subsidies and economic growth ［J］. RAND Journal of Economics, 1998, 29（3）.

［20］ Dinopoulos E, Syropoulos C. Rent protection as a barrier to innovation and growth ［J］. Economic Theory, 2007, 32（2）.

［21］ Dolde W, Tirtiroglu D. Temporal and spatial information diffusion in real estate price changes and variances ［J］. Real Estate Economics, 1997, 25（4）.

［22］ Don Goldstein. Uncertainty, competition, and speculative finance in the eighties〔J〕. Journal of Economic Issues, 1995, 29（3）.

〔23〕Duguet Emmanuel. Innovation and firm performance: Econometric explo-rations of survey data〔J〕. Journal of Economic Literature, 2003, 41（4）.

〔24〕Firth M, Fung P, Rui O M. Corporate performance and CEO compen-sation in China〔J〕. Journal of Corporate Finance, 2006（12）.

〔25〕Foster John Bellamy, Magdoff Fred. The Great Financial Crisis: Causes and Consequences〔M〕. New York: Monthly Review Press, 2009.

〔26〕Gilson R J. Controlling shareholders and corporate governance: Compli-cating the comparative taxonomy〔J〕. Harvard Law Review, 2006, 119（6）.

〔27〕Greunz L. Intra – and Inter – regional knowledge spillovers: Evidence from European regions〔J〕. European Planning Studies, 2005, 13（3）.

〔28〕Gunesekarege A, Hess K, Hu A. The influence of the degree of state ownership and the ownership concentration on the performance of listed Chinese com-panies〔J〕. Research in International Business and Finance, 2007, 21（3）.

〔29〕Guttmann B R. How credit – money shapes the economy: The United States in a global system〔M〕. New York: M. E. Sharpe, 1994.

〔30〕Jaffe A B. Real effects of academic research〔J〕. Amercian Economic Review, 1989, 79（5）.

〔31〕Jensen M C, Meckling W H. Theory of the firm: Managerial behavior, agency costs, and ownership structure〔J〕. The Journal of Finance, 1976, 3（4）.

〔32〕Katrin Hussinger. R&D and subsidies at the firm level: An application of parametric and semiparametric two–step selection models〔J〕. Journal of Applied E-conometrics, 2008, 23（6）.

〔33〕Kim M C, Mcalister L M. Stock market reaction to unexpected growth in marketing expenditure: Negative for salesforce, contingent on spending level for ad-vertising〔J〕. Journal of Marketing, 2011（4）.

〔34〕King R G, Levine R. Finance, entrepreneurship, and growth: Theory and evidence〔J〕. Journal of Monetary Economics, 1993, 32（3）.

〔35〕Kotha S, Swamidass P M. Advanced manufacturing technology use: Exploring the effect of the nationality variable〔J〕. International Journal of Production Research, 1998, 36 (11).

[36] Kotha S, Swamidass P M. Strategy, advanced manufacturing technology and performance: Empirical evidence from U. S. manufacturing firms [J]. Journal of Operations Management, 2000, 18 (3).

[37] Krsto P, Andrej P, Borut B. Strategic management of advanced manufacturing technology [J]. International Journal of Advanced Manufacturing Technology, 2005 (25).

[38] Lakshman S T, Vijay K J. Advanced manufacturing techniques and information technology adoption in India: A current perspective and some comparisons [J]. International Journal of Advanced Manufacturing Technology, 2008, 36 (5-6).

[39] La Porta R, Lopez-de-Silanes F, Shleifer A. Corporate ownership around the world [J]. The Journal of Finance, 1999, 54 (2).

[40] Leech D, Leahy J. Ownership structure, control type classifications and the performance of large British companies [J]. The Economic Journal, 1991 (101).

[41] Lichtenberg F R. The effect of government funding on private industrial research and development: A reassessment [J]. The Journal of Industrial Economics, 1987, 36 (11).

[42] Lucian Bebchuk, Reiner Kraakman, George Triantis. Stock Pyramids, Cross-ownership, and dual class Equity [R]. NBER Working Paper, No. 6951, 1999.

[43] Mansfield E, Switzer L. Effects of federal support on company-financed R&D: The case of energy [J]. Management Science, 1984, 30 (5).

[44] Matteo Iacoviello. House prices, borrowing constraints, and monetary policy in the business cycle [J]. The American Economic Review, 2005, 95 (3).

[45] Modiglianni. The "life cycle" hypothesis of saving: Aggregate Implications and Tests [J]. American Economic Review, 1954, 53 (1).

[46] Mousavi A, Bahmanyar M R. A technique for advanced manufacturing systems capability evaluation and comparison (ACEC) [J]. International Journal of Advanced Manufacturing Technology, 2007 (31).

[47] Narin F, Hamilton K S, Olivastro D. The increasing linkage between

US technology and public science [J]. Research Policy, 1997, 26 (3).

[48] Robson M. Federal funding and the level of private expenditure on basic research [J]. Southern Economic Journal, 1993, 60 (1).

[49] Rustichini A, Schmitz A. Research and imitation in long‒run growth [J]. Journal of Monetary Economics, 1991, 27 (2).

[50] Schroeder R G , Bates K A , Junttila M A . A resource‒based view of manufacturing strategy and the relationship to manufacturing performance [J]. Strategic Management Journal, 2002, 23 (2).

[51] Shleifer A, Vishny R W. A survey of corporate governance [J]. The Journal of Finance, 1997, 52 (2).

[52] Strange Susan. Casino Capitalism [M]. Oxford: Basil Blackwell, 1986.

[53] Swamidass P M, Winch G W. Exploratory study of the adoption of manufacturing technology innovations in the USA and the UK [J]. International Journal of Production Research, 2002, 40 (12).

[54] Tirole J. The theory of corporate finance [M]. Princeton: Princeton University Press, 2006.

[55] Tobin James. On the efficiency of the financial system [J]. Lloyds Bank Review, 1984 (153).

[56] Tommy H Clausen. Do subsidies have positive impacts on R&D and innovation activities at the firm level? [J]. Structural Change and Economic Dynamics, 2009, 20 (4).

[57] Victor B Kreng, Chao‒Yi Wu, Wang I C. Strategic justification of advanced manufacturing technology using an extended AHP model [J]. International Journal of Advanced Manufacturing Technology, 2011 (52).

[58] Walker E, Lefort F. Pension reform and capital markets: Are there any (hard) links? [R]. Social Protection Discussion Paper Series, World Bank, 2002.

[59] Wallsten S. The effects of government‒industry R&D programs on private R&D: The case of the SBIR program [J]. RAND Journal of Economics, 2000 (31).

[60] Wei L, Yi Z, Ning Z. Bank ownership and executive perquisites:

New evidence from an emerging market［J］. Journal of Corporate Finance，2011，17（2）.

［61］Wen C，Xin X，Yang J. Idiosyncratic risk，the private benefits of control and investment timing［J］. Economics Letters，2017（153）.

［62］白重恩，刘俏，陆洲，等. 中国上市公司治理结构的实证研究［J］. 经济研究，2005（2）.

［63］曹琪格，任国良，骆雅丽. 区域制度环境对企业技术创新的影响［J］. 财经科学，2015（12）.

［64］曹琪格，文春晖. 虚拟经济发展的三大认识误区［N］. 光明日报，2013-10-09.

［65］昌忠泽，李汉雄，毛培. 地方政府债务对企业融资结构的影响——来自 A 股上市公司的证据［J］. 改革，2022（7）.

［66］陈闯，吴晓晖，卫芳. 团队异质性、管理层持股与企业风险行为［J］. 管理科学学报，2016，19（5）.

［67］陈国进，李威，周洁. 人口结构与房价关系研究——基于代际交叠模型和我国省际面板的分析［J］. 经济学家，2013（10）.

［68］陈文玲. 论实物经济与虚拟经济［J］. 经济研究参考，1998（45）.

［69］陈享光，黄泽清. 金融化、虚拟经济与实体经济的发展——兼论"脱实向虚"问题［J］. 中国人民大学学报，2020，34（5）.

［70］陈瑶，陈湘满. 房价、房价收入比对中国城镇化的影响与空间效应实证分析［J］. 经济地理，2021，41（4）.

［71］成思危. 虚拟经济探微［J］. 南开学报（哲学社会科学版），2003（2）.

［72］程薇瑾. 总量视角下虚拟经济与实体经济的协调发展［J］. 山西财经大学学报，2022，44（S1）.

［73］单超. 资本主义的虚拟经济与经济危机［J］. 黑龙江社会科学，2015（7）.

［74］邓可斌，曾海舰. 中国企业的融资约束：特征现象与成因检验［J］. 经济研究，2014（2）.

［75］丁庆蔚. 战后日本制造业兴衰对中国制造业科学发展的启示［D］.

南京：南京信息工程大学，2011.

　　［76］董煜. 工业经济增长与能源消费的动态关联性研究［J］. 工业技术经济，2020，39（7）.

　　［77］樊纲，王小鲁，朱恒鹏. 中国市场化指数——各地区市场化相对进程 2009 年报告［M］. 北京：经济科学出版社，2009.

　　［78］冯金华. 正确处理虚实关系　推动经济高质量发展［J］. 学术研究，2019（12）.

　　［79］冯旭南，李心愉. 终极所有权和控制权的分离：来自中国上市公司的证据［J］. 经济科学，2009（4）.

　　［80］冯旭南. 债务融资和掠夺——来自中国家族上市公司的证据［J］. 经济学（季刊），2012，11（3）.

　　［81］付雨豪，黄斯琪. 城镇化、工业化与房地产价格波动——基于 2005-2013 省际面板数据分析［J］. 当代经济，2015（7）.

　　［82］高光锐，樊立亮. 制造业先进生产模式的应用探讨［J］. 工业技术经济，2006，25（11）.

　　［83］高雷，宋顺林. 上市公司控制权转移与市场反应［J］. 财经科学，2006（3）.

　　［84］耿劲同. 货币空转：中国银行业"钱荒"的起点及其防范［J］. 财经科学，2014（2）.

　　［85］耿同劲. 货币空转及其治理［J］. 金融理论与实践，2017（2）.

　　［86］龚唯平，薛白. 先进制造业发展的动力模型与评价指标体系［J］. 产经评论，2010（2）.

　　［87］顾乃康，邓剑兰，陈辉. 控制大股东侵占与企业投融资决策研究［J］. 管理科学，2015（9）.

　　［88］关鑫. 上市公司终极股东控制与剥夺机理研究［D］. 沈阳：辽宁大学，2010.

　　［89］郭巍，林汉川. 北京市发展先进制造业的行业评析与研究［J］. 北京工商大学学报，2010，25（6）.

　　［90］郝睿，张云. 经济虚拟化、货币供应量与经济增长——以 OECD 国家为例的实证分析［J］. 金融理论与实践，2019（11）.

［91］郝云宏，任国良. 监事会特征对上市公司高管变更影响的实证研究［J］. 财经论丛，2010（4）.

［92］洪丹丹. 最终控制人、两权分离与企业投资决策［D］. 石河子：石河子大学，2010.

［93］胡蝶，张向前. 海峡西岸经济区先进制造业发展评价分析［J］. 经济地理，2011，31（6）.

［94］胡伟，陈晓东，李传松. 改革开放以来中国工业经济发展空间格局演化［J］. 江苏社会科学，2019（2）.

［95］黄晖. 宁波发展先进制造业的行业选择［J］. 经济地理，2011，31（3）.

［96］黄宪，黄彤彤. 论中国的"金融超发展"［J］. 金融研究，2017（2）.

［97］黄烨菁. 何为"先进制造业"？——对一个模糊概念的学术梳理［J］. 学术月刊，2010（3）.

［98］姜硕，庄新田，陆培明. 中国上市公司股权结构与经营绩效实证研究［J］. 东北大学学报（自然科学版），2007（12）.

［99］蒋佳秀. 中国上市公司代理成本的内生时间效应：由实证检验到理论猜想［D］. 长春：吉林大学，2016.

［100］蒋荣，刘星. 控制权私利、公司业绩与CEO变更——兼评上市公司内部治理机制的效率［J］. 财经研究，2010（10）.

［101］金通，骆莙函. 技术市场发展对工业转型升级的影响［J］. 社会科学战线，2021（7）.

［102］靳永茂. 《资本论》中的虚拟资本理论及其当代价值研究［D］. 兰州：兰州大学，2020.

［103］敬志红，陈秋红. 我国影子银行风险监管问题研究［J］. 江西社会科学，2013（9）.

［104］况伟大. FDI与房价［J］. 经济理论与经济管理，2013（2）.

［105］雷起荃. 虚拟资本、虚拟企业与虚拟国家之解读［J］. 经济学家，2001（2）.

［106］李宝伟，梁志欣，程晶蓉. 虚拟经济的界定及其理论构架［J］.

南开经济研究，2002（5）.

［107］李大鹏. 我国上市家族企业终极控制权与公司绩效、投融资决策的实证研究［D］. 重庆：重庆大学，2018.

［108］李栋，梁银鹤，董志勇，等. 利率市场化条件下我国中小企业融资问题分析［J］. 上海金融，2017（12）.

［109］李梦嘉. 金融周期波动下宏观经济运行特征与调控效果分析［D］. 长春：吉林大学，2022.

［110］李世美，狄振鹏，郭福良. 虚拟经济繁荣与实体经济放缓：金融化的分层解释与治理［J］. 金融发展研究，2022（1）.

［111］李寿喜. 产权、代理成本和代理效率［J］. 经济研究，2007（1）.

［112］李亭玉，付宇豪，文春晖. 货币政策对房地产市场的影响分析［J］. 四川理工学院学报，2015（2）.

［113］李维，罗天. 环境库兹涅茨曲线与门槛协整模型［J］. 资源与产业，2015（5）.

［114］李维. 农村土地流转与生产技术效率分析［J］. 农林经济管理学报，2015（4）.

［115］李维. 知识产权与产业利润的分行业研究——基于 CO_2 排放量的国际数据验证［J］. 合肥学院学报，2015（5）.

［116］李晓. 论虚拟经济对实体经济的作用［D］. 上海：上海财经大学，2020.

［117］李晓钟，张小蒂. 浙江基于 FDI 提高区域技术创新能力的比较［J］. 中国工业经济，2007（12）.

［118］李训，代彬. 控制权私利、资本配置与企业价值［J］. 湖南科技大学学报（社会科学版），2013，16（2）.

［119］栗亮. 货币供应量对房价影响的分析［J］. 价格月刊，2011（1）.

［120］林建秀. 第一大股东性质、控制模式与公司业绩［J］. 证券市场导报，2007（10）.

［121］林娟. 从市场流动性过剩角度透析中国房地产市场［J］. 中国物价，2008（4）.

［122］林毅夫，孙希芳. 信息、非正规金融与中小企业融资［J］. 经济

研究, 2005 (7).

[123] 刘斌斌, 黄小勇. 跨所有制并购、制度环境与民营企业技术创新 [J]. 宏观经济研究, 2021 (11).

[124] 刘成玉, 段家芬. 再驳"刚性需求推动房价上涨" [J]. 理论与改革, 2013 (5).

[125] 刘东. 论虚拟经济与实体经济的关系 [J]. 理论前沿, 2003 (1).

[126] 刘洪涛, 肖功为. 工业化失速、房地产混同与中国城镇化进程的动力机制转换 [J]. 统计与信息论坛, 2020, 35 (5).

[127] 刘建江, 张瑞梅, 李诗. 房价上涨对工业产出影响的门限效应及区域差异 [J]. 湖南农业大学学报 (社会科学版), 2020, 21 (2).

[128] 刘井建, 张冬妮, 李惠竹. 中国上市公司金融化与实业投资研究——对金融化动机及监管效应的再检验 [J]. 管理评论, 2022, 34 (1).

[129] 刘骏民, 伍超明. 虚拟经济与实体经济关系模型——对我国当前股市与实体经济关系的一种解释 [J]. 经济研究, 2004 (4).

[130] 刘莉亚, 丁剑平, 赵建晖. 国际投资者非理性情绪下的中国国际收支稳定性研究 [J]. 财经研究, 2011, 37 (1).

[131] 刘芍佳, 孙霈, 刘乃全. 终极产权论、股权结构及公司绩效 [J]. 经济研究, 2003 (4).

[132] 刘晓欣, 刘骏民. 虚拟经济的运行方式、本质及其理论的政策含义——马克思逻辑的历史延伸 [J]. 学术月刊, 2020, 52 (12).

[133] 刘晓欣, 张耀. 中国区域经济增长的空间分布与空间关联——基于实体经济与虚拟经济的视角 [J]. 经济理论与经济管理, 2020 (6).

[134] 刘星, 吴江林, 豆中强. 新投资机会对大股东攫取控制权私利的影响研究 [J]. 中国管理科学, 2012 (2).

[135] 刘玉龙, 任国良, 文春晖. 虚拟经济与实体经济的分离——基于上市公司终极控制权分工的微观解读 [J]. 郑州大学学报 (哲学社会科学版), 2014 (2).

[136] 刘玉龙, 任国良, 文春晖. "虚""实"终极控制、金字塔组织演化与大股东掏空 [J]. 中国经济问题, 2014 (5).

[137] 卢卡斯·门克霍夫, 诺伯特·托克斯多尔夫. 金融市场的变迁: 金

融部门与实体经济分离了吗 [M]. 刘力, 贾春新, 译. 北京: 中国人民大学出版社, 2005.

[138] 陆岷峰, 张惠. 金融产业资本与实体经济利润合理分配研究 [J]. 经济学动态, 2012 (6).

[139] 吕长江, 赵宇恒. 国有企业管理者激励效应研究——基于管理者权力的解释 [J]. 管理世界, 2007 (11).

[140] 吕江林, 郭珺莹, 李健. 老龄化、住房价格与宏观杠杆率 [J]. 会计与经济研究, 2021, 35 (1).

[141] 吕劲松. 关于中小企业融资难、融资贵问题的思考 [J]. 金融研究, 2015 (11).

[142] 马光远. 告别绝对短缺时代, 楼市该 "调结构" 了 [N]. 广州日报, 2013.

[143] 马磊, 徐向艺. 公司治理若干重大理论问题述评 [M]. 北京: 经济科学出版社, 2008.

[144] 马新啸, 窦笑晨. 非国有股东治理与国有企业杠杆操纵 [J]. 中南财经政法大学学报, 2022 (3).

[145] 宁科杰. 上市公司终极控制权变更对金字塔控股结构演变的影响——基于中国上市公司动态面板数据的分析 [J]. 中南财经政法大学学报, 2014 (11).

[146] 裴小革. 论虚拟资本与实体资本的积累——兼谈中国虚拟资本积累应注意的问题 [J]. 河北经贸大学学报, 2005 (3).

[147] 彭昌奇. 研发资本、劳资关系、市场制度与区域技术创新 [D]. 杭州: 浙江工商大学, 2010.

[148] 彭馨乐. 通勤成本与住宅价格的空间互动 [J]. 经济研究导刊, 2015 (27).

[149] 齐晓飞, 关鑫. 两权偏离、终极股东属性与公司绩效——基于文献综述的视角 [J]. 首都经济贸易大学学报, 2012 (1).

[150] 邱蓉, 梁永坚. 虚拟经济与实体经济比率研究——基于金融危机的视角 [J]. 经济问题探索, 2020 (1).

[151] 邱杨茜, 陈颖, 余军, 等. 当前我国金融体系与实体经济运行的

问题与对策研究 [J]. 经济学动态, 2012 (8).

[152] 屈文洲, 谢雅璐, 叶玉妹. 信息不对称、融资约束与投资—现金流敏感性——基于市场微观结构理论的实证研究 [J]. 经济研究, 2011 (6).

[153] 权小锋, 吴世农. CEO 权力强度、信息披露质量与公司业绩的波动性——基于深交所上市公司的实证研究 [J]. 南开管理评论, 2010, 13 (4).

[154] 权小锋, 吴世农, 文芳. 管理层权力、私有收益与薪酬操纵 [J]. 经济研究, 2010 (11).

[155] 冉宜峰. 内部人控制、过度融资与破产风险 [D]. 杭州：浙江大学, 2020.

[156] 任国良, 蔡宏波, 郭界秀. 政府 R&D 政策评价研究的实证沿革与最新进展——综述与评价 [J]. 世界经济文汇, 2013 (12).

[157] 任国良, 蔡宏波, 罗仲伟. 政府 R&D 政策评价的实证研究新进展 [J]. 福建论坛 (人文社会科学版), 2013 (6).

[158] 任国良, 郭小民. 保险公司承保业务盈利重要性分析 [J]. 四川理工学院学报, 2014 (4).

[159] 任木荣, 刘波. 房价与城市化的关系——基于省际面板数据的实证分析 [J]. 南方经济, 2009 (2).

[160] 汝一飞, 任国良, 孙良顺. 终极控制权对直接代理人收益的影响研究——基于产权属性和控股结构双维度的对比分析 [J]. 西部论坛, 2015 (11).

[161] 邵挺, 范建勇. 房价水平与制造业的区位分布——基于长三角的实证研究 [J]. 中国工业经济, 2010 (10).

[162] 沈步双, 郭逸鹭, 袁婷婷, 等. 江苏省先进制造业与生产性服务业的融合发展 [J]. 商业时代, 2012 (30).

[163] 沈华. 生产性服务业与先进制造业互动关系研究 [D]. 上海：上海交通大学, 2011.

[164] 石凯, 彭刚, 朱莉. 中国经济虚拟化问题的测度——基于 SNA 的视角 [J]. 山西财经大学学报, 2020, 42 (7).

[165] 石颖. 终极控制人与上市公司并购模式选择研究 [J]. 经济体制改革, 2016 (4).

[166] 史青青，费方域，朱微亮. 人口红利与房地产收益率的无关性 [J]. 经济学，2010，10（1）.

[167] 宋敏，张俊喜，李春涛. 股权结构的陷阱 [J]. 南开管理评论，2004（1）.

[168] 宋志秀，梁松. 长江经济带金融服务实体经济效率测度 [J]. 统计与决策，2021（4）.

[169] 孙畅. 虚拟经济与实体经济的关系 [D]. 青岛：青岛大学，2019.

[170] 孙明蕾. 终极控制人股权特征、市场化进程与非效率投资 [D]. 泉州：华侨大学，2020.

[171] 孙婷，温军. 金融中介发展、企业异质性与技术创新 [J]. 西安交通大学学报（社会科学版），2012（1）.

[172] 孙婷，温军，秦建群. 金融中介发展、政府干预与企业技术创新——来自中国转轨经济的经验证据 [J]. 科技进步与对策，2011（20）.

[173] 唐跃军，宋渊洋，金立印，等. 控股股东卷入、两权偏离与营销战略风格——基于第二类代理问题和终极控制权理论的视角 [J]. 管理世界，2012（2）.

[174] 唐跃军，左晶晶. 终极控制权、大股东治理战略与独立董事 [J]. 审计研究，2010（6）.

[175] 田利辉. 国有股权对上市公司绩效影响的 U 型曲线和政府股东两手论 [J]. 经济研究，2005（10）.

[176] 佟光霁，韩敬宇. 县域新型工业化的内在机理、发展困境与对策 [J]. 理论探讨，2017（3）.

[177] 王辉，朱家雲，陈旭. 银行间市场网络稳定性与系统性金融风险最优应对策略：政府控股视角 [J]. 经济研究，2021，56（11）.

[178] 王丽莉. 终极控制权、企业投资效率与企业绩效 [D]. 杭州：浙江大学，2021.

[179] 王睿，李连发. 中国货币政策调控与房地产价格波动——基于拔靴分样本滚动窗口因果检验的新证据 [J]. 上海经济研究，2019（8）.

[180] 王勋，Anders Johansson. 金融抑制与经济结构转型 [J]. 经济研究，2013，48（1）.

[181] 王忠宏，张曼茵. 当前东南沿海产业转型升级面临问题及建议 [J]. 江淮论坛，2012 (3).

[182] 魏刚. 高级管理层激励与上市公司经营绩效 [J]. 经济研究，2000 (3).

[183] 文春晖，何朋蔚，郭光第. "两型"视角下先进制造业发展的信贷支持研究 [J]. 四川理工学院学报（社会科学版），2014 (1).

[184] 文春晖，洪腾，周翔. 中国房地产泡沫形成的机理与对策 [J]. 四川文理学院学报，2017 (4).

[185] 文春晖，吕政，段湘姬. 双重不完全代理：地方政府投融资平台风险控制的一个分析框架——金融资本与产业资本分离的新解释 [J]. 吉首大学学报（社会科学版），2012 (6).

[186] 文春晖，任国良. 虚拟经济与实体经济协调发展研究——基于中国上市公司 2004-2013 年面板数据的实证检验 [J]. 中国工业经济，2015 (12).

[187] 文春晖，孙良顺，胡植菘. 需求疲软、成本上升双重约束下的制造业发展战略研究——兼论中国先进制造业的发展 [J]. 重庆大学学报（社会科学版），2014 (2).

[188] 文春晖，孙良顺. 解"钱荒"：中国经济结构调整需到位 [N]. 中国社会科学报，2013-09-03.

[189] 吴滨，肖尧. 人口红利衰减、产业结构调整对中国工业经济发展影响研究 [J]. 统计与信息论坛，2021，36 (6).

[190] 吴建祥，李秉祥. 企业控制权配置特征对经理管理防御的影响——基于实际控制人视角 [J]. 商业研究，2019 (7).

[191] 夏冬. 我国企业技术创新中所有权结构作用的实证研究 [J]. 科技进步与对策，2008 (11).

[192] 夏纪军，张晏. 控制权与激励的冲突——兼对股权激励有效性的实证分析 [J]. 经济研究，2008 (3).

[193] 肖作平，刘辰嫣. 两权分离、金融发展与公司债券限制性条款——来自中国上市公司的经验证据 [J]. 证券市场导报，2018 (12).

[194] 谢福泉，黄俊晖. 城镇化与房地产市场供需：基于中国数据的检

验 [J]. 上海经济研究，2013，25（8）.

[195] 邢斐，郑婕妤. 环境不确定性、企业集团与投资效率 [J]. 财会通讯，2021（7）.

[196] 徐国祥，张静昕. 中国实体经济与虚拟经济协调发展水平的区域异质性研究 [J]. 数理统计与管理，2022（6）.

[197] 徐寿福，徐龙炳. 现金股利政策、代理成本与公司绩效 [J]. 管理科学，2015（1）.

[198] 徐硕景. 股权结构对公司现金股利政策的影响研究 [D]. 成都：西南财经大学，2020.

[199] 徐晓东，陈小悦. 第一大股东对公司治理、企业业绩的影响分析 [J]. 经济研究，2003（2）.

[200] 许小年. 房地产调控三不合理 [J]. 商界（评论），2011（4）.

[201] 晏景瑞. 轨道交通建设对沿线住宅价格的时间效益分析 [J]. 现代经济信息，2015（5）.

[202] 晏景瑞，曾洋洋，彭馨乐. 基于 Hedonic 模型的地铁沿线房地产价格分析——以长沙地铁二号线为例 [J]. 当代经济，2015（5）.

[203] 杨帆. 基于经济周期视阈的实体经济与虚拟经济背离关系解释 [D]. 天津：南开大学，2020.

[204] 杨红燕，李冬雪. 服务业开放与中国制造业全球价值链地位——技术溢出与人力资本的中介效应 [J]. 哈尔滨工业大学学报（社会科学版），2022（4）.

[205] 杨少凡. 房地产上市公司资本结构对公司经营绩效影响研究 [D]. 西安：西安科技大学，2019.

[206] 杨胜刚，王晓燕，张科坤. 终极所有权结构与企业委托贷款行为 [J]. 中国管理科学，2021（12）.

[207] 杨扬. 终极控制人特征、创业导向与公司业绩关系的实证研究 [D]. 哈尔滨：哈尔滨工业大学，2019.

[208] 叶祥松，晏宗新. 当代虚拟经济与实体经济的互动——基于国际产业转移的视角 [J]. 中国社会科学，2012（9）.

[209] 于波，范从来. 中国先进制造业发展战略的 PEST 嵌入式 SWOT 分

析［J］. 南京社会科学，2011（7）.

［210］于守华. 城镇化、工业化与房地产价格之间的动态关系［J］. 财经理论研究，2013（4）.

［211］俞红海，徐龙炳，陈百助. 终极控股股东控制权与自由现金流过度投资［J］. 经济研究，2010（8）.

［212］俞红海，徐龙炳. 终极控股股东控制权与全流通背景下的大股东减持［J］. 财经研究，2010（1）.

［213］袁磊，王加胜. 传统产业改造和先进制造业发展［J］. 宏观经济研究，2011（9）.

［214］曾海舰. 房产价值与公司投融资变动——抵押担保渠道效应的中国经验证据［J］. 管理世界，2012（5）.

［215］曾洋洋，文春晖. 少子老龄化与中国房价波动的动态传递［J］. 中国经贸导刊，2015（8）.

［216］翟淑萍，韩贤，毛文霞. 数字经济发展能提高企业劳动投资效率吗［J］. 当代财经，2022（1）.

［217］张成思，张步昙. 再论金融与实体经济：经济金融化视角［J］. 经济学动态，2015（6）.

［218］张华飞，卢露. 实体企业金融化的成因、影响及治理——基于经济高质量发展视角［J］. 西南金融，2022（6）.

［219］张宁. 上市公司两类代理问题，孰轻孰重——以118家农业类上市公司为例［J］. 当代经济科学，2013（2）.

［220］张平. 牢牢把握发展实体经济这一坚实基础［J］. 政策瞭望，2012（3）.

［221］张小宇，刘永富. 货币政策的权衡：推高房价还是刺激消费［J］. 财经科学，2019（5）.

［222］张晓玫，弋琳. 货币空转与银行间市场流动性——基于我国"钱荒"事件研究［J］. 财经科学，2013（12）.

［223］张延. 中国财政政策的"挤出效应"——基于1952-2008年中国年度数据的实证分析［J］. 金融研究，2010（1）.

［224］张益丰，黎美玲. 先进制造业与生产性服务业双重集聚研究［J］.

广东商学院学报，2011（2）.

[225] 张宗和，彭昌奇. 区域技术创新能力影响因素的实证分析——基于全国 30 个省市区的面板数据 [J]. 中国工业经济，2009（11）.

[226] 赵伟，韩媛媛，赵金亮. 异质性、出口与中国企业技术创新 [J]. 经济理论与经济管理，2012（4）.

[227] 赵宇华. 案例教学法在公司并购重组教学中的应用 [J]. 经济师，2009（6）.

[228] 赵宇华. 子公司上市问题治理机制和变革措施的国际比较 [J]. 商业时代，2006（10）.

[229] 郑红亮. 公司治理理论与中国国有企业改革 [J]. 经济研究，1998（10）.

[230] 郑宁，陈立文. 对房地产价格影响的货币因素研究 [J]. 价格理论与实践，2018（5）.

[231] 郑志刚，孙娟娟. 我国上市公司治理发展历史与现状评估 [J]. 金融研究，2009（10）.

[232] 种林. 内部控制缺陷、终极控制人与信息披露违规 [D]. 南京：南京财经大学，2021.

[233] 周莹莹，刘传哲. 虚拟经济与实体经济关系的国内外研究进展与展望 [J]. 金融发展研究，2011（4）.

[234] 周莹莹. 虚拟经济对实体经济影响及与实体经济协调发展研究 [D]. 北京：中国矿业大学，2011.

[235] 朱柏宇. 基于高管薪酬粘性视角的终极控制人两权分离与投资效率 [D]. 哈尔滨：哈尔滨工业大学，2020.

[236] 朱雅琴，姚海鑫，宋悦铭. 董事会的终极股东控制与会计透明度 [J]. 吉首大学学报（社会科学版），2012，33（2）.

[237] 邹瑾. 人口老龄化与房价——基于中国省级面板数据的分析 [J]. 华东经济管理，2014，28（7）.

[238] 左晶晶，唐跃军，眭悦. 第二类代理问题、大股东制衡与公司创新投资 [J]. 财经研究，2013，39（4）.